# 일생에 한번은 꼭 만나야 할 곳

글, 사진 이태훈

유럽·아프리카 편

| 영국 | 런던, 옥스퍼드, 에딘버러 |
| 프랑스 | 파리, 몽생미셸, 퐁텐블로 |
| 이탈리아 | 베니스, 포지타노, 로마, 피렌체 |
| 독일 | 퀴셀, 하이델베르크, 뮌헨 |
| 스페인 | 그라나다, 세비야, 마드리드, 톨레도 |
| 몬테네그로 | 코타르 |
| 크로아티아 | 두브로브니크, 스플릿 |
| 슬로베니아 | 피란 |
| 헝가리 | 부다페스트 |
| 체코 | 프라하, 체스키 크룸로프 |
| 네덜란드 | 암스테르담 |
| 벨기에 | 브뤼셀 |
| 폴란드 | 크라쿠프, 그단스크, 바르샤바 |
| 스위스 | 취리히, 베른&프리부르 |
| 오스트리아 | 잘츠부르크, 비엔나 |
| 리히텐슈타인 | 바두즈 |
| 보스니아 | 모스타르 |
| 터키 | 이스탄불, 카파도키아 |
| 슬로바키아 | 브라티슬라바 |
| 그리스 | 미코노스&산토리니, 아테네 |
| 러시아 | 바이칼 |
| 포르투갈 | 리스본 |
| 몰타 | 발레타 |
| 남아공 | 케이프타운, 선시티 |
| 잠비아 | 리빙스턴(빅토리아 폭포) |
| 보츠와나 | 초베국립공원(사파리) |
| 이집트 | 카이로 |
| 알제리 | 제밀라 |
| 리비아 | 랩티스 마그나, 사하라 |
| 튀니지 | 두가, 카이로우안, 엘젬 |

21세기북스

일생에
한번은

꼭
만나야
할

곳

KI신서 2536
## 일생에 한번은 꼭 만나야 할 곳 100
유럽 · 아프리카

1판 1쇄 인쇄　2010년 6월 28일
1판 1쇄 발행　2010년 7월 5일

지은이　　　이태훈
펴낸이　　　김영곤
펴낸곳　　　(주)북이십일 21세기북스
기획 · 편집　김정규
본부장　　　이승현
마케팅 · 영업　도건홍, 김남연
디자인　　　디자인신지
출판등록　　2000년 5월 6일 제10-1965호
주소　　　　(우413-756)경기도 파주시 교하읍
　　　　　　문발리 파주출판단지 518-3
대표전화　　031-955-2100
내용문의　　031-955-2707
팩스　　　　031-955-2122
이메일　　　book21@book21.co.kr
홈페이지　　www.book21.co.kr
트위터　　　@mybookstory

ⓒ 2010 이태훈

값　　　16,800원
ISBN　978-89-509-2503-1　13980

이 책 내용의 일부 또는 전부를 재사용하려면
반드시 ㈜북이십일의 동의를 얻어야 합니다.
잘못 만들어진 책은 구입하신 서점에서 교환해 드립니다.

\* 이탈리아 '로마'의 사진은 로마관광청에서
　제공하였습니다.

# 일생에
한번은

## 꼭
만나야
할

## 곳

### 100

1권 /
유럽
아프리카
편

글. 사진 /
이태훈

21세기북스

일생에
한번은
꼭
만나야
할
곳
100

1권 /
유럽
아프리카
편

한 해 수천만의 여행자들이 몰려드는 유럽. 남자와 여자, 어른과 아이 할 것 없이 유럽으로 향하게 하는 그 매력은 과연 무엇일까. 우선 유럽은 서구 문화의 근저에 깔려 있는 그리스 로마 신화의 무대이다. 이곳에서 신들은 인간을 다스리고 인간과 소통하며 그들의 이야기를 인간에게 전해 왔다. 또한 유럽은 유럽과 아시아와 아프리카를 거느렸던 영원한 제국 로마가 탄생한 곳이다. 인간의 오랜 역사가 담겨 있는 땅인 것이다. 그 뿐인가. 유럽은 예술의 보고이다. 레오나르도 다 빈치, 모차르트, 베토벤, 반 고흐, 헤르만 헤세 등 이름만으로도 화려한 유수의 예술가들이 태어난 곳이자 활동한 곳이다.

유럽은 그 어느 대륙보다도 많은 문화적 지식을 필요로 하는 여행지이다. 유럽 어디에 가나 만날 수 있는 중세 도시를 충분한 지식 없이 돌아본다면 그저 예쁘고 고풍스러운 도시 외관만 구경하다 이내 질리고 말 것이다. 무수히 많은 미술관과 박물관도 마찬가지다. 작가와 작품에 대해서 열심히 공부하고 찾아가지 않는 한, 그곳들은 유럽에 위치한 그저 그런 미술관이요 박물관에 불과하다. 그런 의미에서 유럽은, 착실히 준비한 여행자에게는 다양한 테마로 돌아볼 수 있는 환상의 여행지가 된다. 미술이든 음악이든 건축이든 문학이든 유럽에서라면 그 어떤 테마로도 풍요로운 여정을 꾸릴 수 있기 때문이다.

반면 아프리카는 우리에게 미지의 땅이다. 사하라 사막과 사파리 투어 정도만이 우리가 상상할 수 있는 아프리카의 대표적 이미지가 아닐까. 하지만 찬찬히 들여다보면 아프리카는 유럽보다도 더 흥미로운 대륙이다. 최초의 인류 오스트랄로피테

쿠스의 고향이 바로 아프리카 아니었던가. 그만큼 아프리카에는 오랜 역사가 담겨 있다. 특히 아프리카 북부에는 로마 제국이 남겨 놓은 찬란한 문화유산과 이슬람만의 독특한 문화가 어우러져 이색적이고 이국적인 풍경들을 만나볼 수 있다.

　아프리카 중남부는 대자연의 신비를 몸소 체험할 수 있는 기회의 땅이다. 가도 가도 끝이 없는 사막 한가운데를 달리거나 대초원 위에서 코끼리와 악어 등 야생 동물을 대면할 수 있는가 하면 거대한 폭포를 바라보며 석양빛에 물든 강 위를 유람할 수 있다. 오지에서는 토착 부족민들을 만날 수도 있다. 문명의 이기가 닿지 않은 땅에서 여전히 맑고 순수한 영혼을 간직한 채 살아가는 그들과의 만남이야말로 아프리카에서 가장 아름다운 만남이 되지 않을까.

　이 책에는 유럽과 아프리카의 세계문화유산을 담았다. 이 대륙들을 여행하려는 여행자들에게, 부족하게나마 지역을 이해하는 데 도움이 되었으면 한다.

　2010년 남아공 월드컵으로 전 세계가 축구의 열정에 빠져 있을 때, 나는 배낭여행 20주년을 맞이했다. 스스로 자축하기 위해 '21세기북스'와 세계여행 책을 내게 되었다. 김찬삼 선생님이 내게 꿈을 준 것처럼, 나의 열정이 담긴 작은 책 한 권이 자라나는 청소년에게 또 다른 꿈과 희망을 줄 수 있다면 내 삶에 가장 큰 보람이 될 것이다.

　2010년 6월 저자 이태훈

CONTENTS

# EUROPE

| UNITED KINGDOM | | 001 | 태양이 지지 않는 나라의 수도, 영국 '런던' 012 |
| | | 002 | 젊은이의 낭만과 중세의 고풍스럼이 담긴 도시, 영국 '옥스퍼드' 020 |
| SCOTLAND | | 003 | 전 세계 아티스트들의 가슴을 설레게 하는 축제, 스코틀랜드 '에든버러' 028 |
| FRANCE | | 004 | 에펠탑에 담긴 프랑스인의 자존심, 프랑스 '파리' 036 |
| | | 005 | 바다 한가운데 내려앉은 천사의 수도원, 프랑스 '몽생미셸' 044 |
| | | 006 | 마네의 〈풀밭 위의 점심〉을 현실의 캔버스로 옮기다, 프랑스 '퐁텐블로' 052 |
| ITALY | | 007 | 지구상 가장 매혹적인 '물의 도시', 이탈리아 '베네치아' 060 |
| | | 008 | 지중해의 조용하고 아담한 예술의 도시, 이탈리아 '포시타노' 068 |
| | | 009 | 영원한 제국의 수도, 이탈리아 '로마' 076 |
| | | 010 | 한 송이 아름다운 꽃으로 환생한 이탈리아 '피렌체' 084 |
| GERMANY | | 011 | 월트디즈니도 반한 노인슈반슈타인 성을 찾아서, 독일 '퓌센' 090 |
| | | 012 | 괴테의 애틋한 사랑을 간직한 도시, 독일 '하이델베르크' 098 |
| | | 013 | 맥주 애호가들의 로망, 독일의 '뮌헨' 104 |
| SPAIN | | 014 | 이슬람 건축의 최고 걸작 알함브라 궁전, 스페인 '그라나다' 112 |

| 015 | 돈 호세의 사랑과 집시의 방랑이 스며 있는 도시,
스페인의 '세비야' 120

| 016 | 스페인의 위대한 화가 고야를 만나러 가다,
스페인의 '마드리드' 128

| 017 | '무데하르 양식'이 만들어내는 독특한 풍광,
스페인 '톨레도' 136

MONTENEGRO | 018 | 아드리아 해안도로의 끝에 걸린 중세도시,
몬테네그로 '코토르' 144

CROATIA | 019 | 릴케도와 버나드 쇼가 반한 '아드리아 해의 보석',
크로아티아 '두브로브니크' 150

| 020 | 로마 건축의 미학에 취하다, 크로아티아 '스플릿' 158

SLOVENIA | 021 | 타르티니 바이올린 선율이 흐르는 아드리아해의 보석,
슬로베니아 '피란' 166

HUNGARY | 022 | 다뉴브 강을 따라 흐르는 리스트 프란츠의 아름다운 선율,
헝가리 '부다페스트' 174

CZECH | 023 | 백탑의 도시에서 카프카를 만나다, 체코 '프라하' 182

| 024 | 에곤 실레가 사랑했던 보헤미아의 숲,
체코 '체스키크롬로프' 190

HOLLAND | 025 | 중세, 운하 그리고 예술의 도시,
네덜란드 '암스테르담' 198

BELGIUM | 026 | 마그리트 그림 속으로 떠나는 초현실주의 여행,
벨기에 '브뤼셀' 206

POLAND | 027 | 교황 요한 바오로 2세의 청춘이 담긴 천년 고도,
폴란드 '크라쿠프' 214

| 028 | 자욱한 안개로 둘러싸인 '발트 해의 보석',
폴란드 '그단스크' 220

| | 029 | 쇼팽의 생가에 흐르는 한여름 밤의 '즉흥환상곡',
폴란드 '바르샤바' 228

SWITZERLAND | 030 | 릴케가 사랑하고 선택한 도시, 스위스 '취리히' 236
| | 031 | 스위스의 색다른 중세 도시들,
스위스 '베른과 프리부르' 244

AUSTRIA | 032 | 천재 음악가 모차르트의 선율이 살아 흐르는,
오스트리아 '잘츠부르크' 252
| | 033 | 천재 음악가들의 영원한 안식처, 오스트리아 '빈' 260

LIECHTENSTEIN | 034 | 한 송이 에델바이스 같은 알프스 위의 소국(小國),
리히텐슈타인 '파두츠' 268

BOSNIA & HERZEGOVINA | 035 | 동유럽에 핀 이슬람의 꽃, 보스니아 헤르체고비나
'모스타르' 274

TURKEY | 036 | 아시아와 유럽, 동양과 서양, 이슬람과 그리스교가 만나는,
터키 '이스탄불' 280
| | 037 | 스머프의 집을 닮은 버섯 모양의 기암괴석,
터키 '카파도키아' 288

SLOVAKIA | 038 | 음악 축제가 끊이질 않는 음악의 도시,
슬로바키아 '브라티슬라바' 296

GREECE | 039 | 지중해의 하얀 진주, 그리스 '미코노스와 산토리니' 302
| | 040 | 신의 도시 그리고 인간의 도시, 그리스 '아테네' 310

RUSSIA | 041 | 하늘빛을 가득 머금은 시베리아의 푸른 눈,
러시아 '바이칼 호수' 318

PORTUGAL | 042 | 대항해 시대 선원들의 외로움과 고달픔을 담은 노래 '파두',
포르투갈 '리스본' 324

MALTA | 043 | 사도 바울이 그리스도의 가르침을 전한 곳,
몰타 '발레타' 332

# AFRICA

| SOUTH AFRICA | 001 | '무지개의 나라'로 향하는 '희망의 곶', 남아프리카공화국 '케이프타운' 340 |
| | 002 | 잃어버린 도시를 찾아서, 남아프리카공화국 '선 시티' 348 |
| ZAMBIA | 002 | 빅토리아 폭포의 관문, 잠비아 '리빙스턴' 356 |
| BOTSWANA | 002 | 야생동물의 낙원, 보츠와나 '초베 국립공원' 362 |
| EGYPT | 002 | 인류 최고의 불가사의 피라미드와 스핑크스, 이집트 '카이로' 370 |
| ALGERIA | 002 | 알베르 까뮈를 만나다, 알제리 '제밀라' 378 |
| LIBYA | 002 | 셉티미우스 세베루스가 건설하고자 했던 작은 로마, 리비아 '렙티스마그나' 386 |
| | 002 | 모래언덕과 밤하늘로 여행자를 유혹하는 불모지, 리비아 '사하라' 394 |
| TUNISIA | 002 | 한니발의 후예들의 땅에서 로마를 만나다, 튀니지 '두가' 402 |
| | 002 | 북아프리카에서 만나는 아라비안나이트, 튀니지 '카이로우완' 410 |
| | 002 | 〈글래디에이터〉의 막시무스가 혈투를 벌였던 북아프리카의 콜로세움, 튀니지 '엘젬' 418 |

일생에
한번은

꼭
만나야
할

곳

EUROPE

태양이 지지 않는 나라의 수도, 영국 '런던'

EUROPE | 001 | UNITED KINGDOM

템즈 강 위에 놓인 웨스트민스터 다리와 빅벤.

한때 태양이 지지 않는 나라로 군림했던 영국, 그 중심에 런던이 있다. 천년 이상 영국의 수도 역할을 하면서 런던은, 수많은 왕과 여왕을 배출해 내고 숱한 전쟁의 승전보를 울리며 세계 1/3에 이르는 거대한 식민지를 거느렸다. 또한 18세기엔 산업혁명의 발생지였으며, 마오쩌둥과 간디와 마르크스와 레닌 등 수많은 사상가들이 공부를 하기 위해 몰려들던 학문의 중심지이기도 했다. 하지만 2천 년 전만 해도 이곳은 로마 제국 변방의 작은 마을에 불과했다고 한다. 지금의 런던이 '론디니움'이란 생소한 이름의 작은 마을이었다니, 도무지 상상이 가질 않는다.

　18세기 최초로 영어 사전을 편찬했던 사무엘 존슨은 "런던에서 지루하게 느낀 사람은 그의 인생도 지루하다. 왜냐하면 런던에는 인생을 즐겁게 해 주는 모든 것이 있기 때문이다."라는 말로 런던을 표현했다. 그만큼 런던은 다채롭다. 살벌하리만치 높은 물가에도 아랑곳하지 않고 전 세계 여행자들이 몰려들 때는 그럴 만한 이유가 있지 않겠는가.

　런던이 재미있는 첫 번째 이유는 과거와 현대가 공존하고 있는 모습 때문이다. 중세의 성벽, 정확한 비율로 설계된 조지 시대의 광장, 세계문화유산에 빛나는 웨스트민스터 사원, 영국 왕의 요람 버킹엄 궁전 등의 역사적 건축물들이, 현대적인 선을 뽐내는 런던 아이와 밀레니엄 브리지와 어깨를 나란히 하고 있다. 비단 건축만이 아니다. 이 21세기에 여전히 여왕 엘리자베스 2세는 영국인들의 관심 대상 1호다. 여왕 엘리자베스 2세와 축구스타 데이비드 베컴 사진이 나란히 게재된 영국 신문은, 영국의 이방인에게 낯설지만 흥미로운 볼거리다.

　런던의 두 번째 재미는 다양한 명소들이다. 천년 수도답게 런던에는 볼거리가 넘쳐난다. 우선 런던의 상징 빅벤. 영국 국회의사당 동쪽 끝에 있는 탑에 달린 대형 시계로, 시침 길이가 2.9m, 분침 길이가 4.2m에 이른다. 그 시계 아래로 거대한 종이 달려 있는데 그 무게가 자그마치 13.5톤이다. 1859년 설치 당시 영국에서 가장 큰 것으로 알려진 이 종은, 어찌나 무거웠던지 종을 올린 수레를 16마리의 말이 끌어야 했을 정도란다. 정확한 시간으로도 유명해서 영국의 대표 방송 BBC에서는 매 정시에 빅벤의 종소리를 들려준다. 웨스트민스터 사원은 정복왕 윌리엄의 대관식을 필두로 영국 국왕들의 대관식이 행해졌던 역사적 장소다. 중세에는 수도사들의 수도원으로 사용되기도 했단다.

버킹엄 궁전은 여행자라면 꼭 들르는 명소다. 영국 왕실의 공식적인 거처로, 현재는 엘리자베스 2세가 이곳에서 지낸다 한다. 그러나 무엇보다도 버킹엄 궁전이 유명한 이유는, 바로 근위병의 교대식 때문이다. 독특한 털모자에 빨간 상의를 걸친 근위병들이 절도 있는 각을 자랑하며 근엄하게 치러 내는 교대식은, 마치 하나의 완벽한 퍼포먼스 같다. 그 멋진 모습 때문에 교대식이 이뤄지는 아침 11시 반이면 버킹엄 궁전 앞은 인산인해를 이룬다.

런던의 세 번째 재미는 대영 박물관이다. 세계 최고를 자랑하는 이 박물관은, 영국이 해가 지지 않는 나라로 군림하던 시절, 세계 각지에서 들여온 전리품들이 전시되어 있다. 말하자면 약탈의 집합소라고나 할까. 얼마나 식민지가 넓었으면, 또한 얼마나 많은 약탈을 했으면, 외국의 전리품만으로도 이렇게 거대한 박물관을 만들었을까 놀라울 뿐이다. 특이한 것은 엄청난 규모를 자랑하는 대영 박물관의 입장료가 무료라는 점이다. 그리고 다른 박물관들과는 달리 사진 촬영에도 별다른 제지를 하지 않는다. 아무래도 각국의 소중한 유물들을 뺏어 와서 미안하다는 메시지를 전하는 게 아닐까 싶다.

런던을 바삐 돌아다니다 보면 과연 런던을 지루하다고 표현할 사람이 있기나 할까 의심스럽다. 런던의 각종 명소들에서 영국의 과거와 현재를 넘나들고, 대영 박물관에서 영국의 국경을 넘나든다. 그리고 밤이 되면 바쁘기 그지없는 여행자의 발걸음에도 쉼표 내지는 마침표가 찍어진다. 조용히 흘러가는 템즈 강의 야경을 바라보며 음미하는 맥주 한 잔이 정말 개운하다. ¤

영국의 버킹엄 궁전은 여왕 엘리자베스 2세가 공식적으로 거주하는 곳이다.

버킹엄 궁전 앞을 지나고 있는 여왕 엘리자베스 2세의 행렬.

위 | 1859년에 완성된 거대한 시계탑 빅벤은 런던에서 가장 유명한 건축물 중 하나다.
아래 | 런던의 새로운 명물 '런던 아이'의 관람 차에 탑승하면 런던의 전경이 한눈에 들어온다.

1805년 넬슨의 '트라팔가르 해전'의 승리를 기념하여 지어진 트라팔가 광장.
이곳에는 분수와 트라팔가 장군 동상이 있다.

젊은이의 낭만과 중세의 고풍스러움이 담긴 도시, 영국 '옥스퍼드'

EUROPE | 002 | UNITED KINGDOM

　　　　　　영국 옥스퍼드의 봄은 참 아름답다. 겨우내 움츠렸던 봄기운이 따스한 햇살을 타고 옥스퍼드에 내려앉으면 메마른 대지와 헐벗은 나뭇가지에 파릇한 생명의 기운이 움트기 시작한다. 그 사이로 샛노란 빛깔의 겨자꽃이 눈부시게 피어나고 그 옆으로 파릇한 담장이가 활짝 기지개를 켠다.

　　'학문과 예술과 지성과 젊음의 도시' 옥스퍼드는, 13세기에 수도사들이 하나둘씩 모여들면서 자연 발생적으로 생겨난 대학 도시로, 오늘날 캠브리지와 함께 영국의 지성을 대표한다. 명성에 걸맞게 옥스퍼드에는 40여 개의 명문 칼리지가 위치하고 있으며 주민의 80%가 학생으로 구성되어 있다. 무엇보다 옥스퍼드는 우리에게 루이스 캐럴 교수로 유명하다. 『이상한 나라의 앨리스』를 쓴 그는 옥스퍼드에서도 1순위로 꼽히는 명문 크리스트 처치 칼리지에서 공부를 하였고 죽을 때까지 이 대학에서 자신의 모든 열정을 바쳤다.

　　젊음의 도시답게 옥스퍼드는 낭만으로 가득하다. 크리스트 처치 칼리지 교정에는 책 읽는 대학생들이 가득하다. 따뜻한 햇살을 돗자리 삼아 잔디밭에 누워 있는 모습을 보고 있노라면, 학창 시절의 기억이 되살아난다. 그 낭만이 어찌 교정에만 머물러 있으랴. 옥스퍼드의 중심지 카팍스에도 젊음과 낭만이 흘러넘친다. 900여 개에 이르는 중세 건물과 고풍스런 노천카페, 카페에 앉아 카푸치노 한 잔으로 삶의 여유를 즐기는 사람들, 자전거로 골목길을 누비는 어린 학생들, 그리고 그들 사이를 호기심 어린 눈으로 헤집고 다니는 여행자들까지 카팍스는 언제나 젊음으로 활기가 넘친다.

옥스퍼드는 대학의 도시인 동시에 중세 도시이다. 도시 곳곳에 아름다운 중세 건물이 즐비하다. 그 모습을 가장 잘 볼 수 있는 곳이 성 메리 교회 전망대다. 사람 한 명 올라가기에도 비좁은 계단을 따라 성 메리 교회로 올라가면 옥스퍼드의 풍경이 '짠!'하고 나타난다. 뾰족한 건물과 짙은 녹색의 잔디, 천년을 터줏대감처럼 도시를 지켜 온 크고 작은 칼리지들이 아름답다.

카팍스에서 버스를 타고 10여 분 북쪽으로 달려가면 세계문화유산으로 지정된 블렌하임 궁전이 나온다. 1704년 말보로 존 처칠 1세가 앤 여왕에게 하사받은 이 궁전에는 현재 말보로 공 11세가 거주하고 있다고 한다. 바로크 양식으로 지어진 블렌하임 궁전은 영국에서도 가장 아름다운 건축물로 손꼽힐 만큼 웅장하고 섬세하다. 우리에겐 조금 낯선 곳이지만, 블렌하임 궁전은 영국의 영웅 윈스턴 처칠이 태어난 곳으로 영국인들에게는 각별한 의미를 지닌 곳이다. 그래서 궁전 내부에서 가장 인기 있는 곳이 윈스턴 처칠의 작은 방이다. 이 방에는 처칠이 해마다 사랑하는 아내에게 손수 만들어 보낸 크리스마스 카드와 그가 즐겨 그렸던 아름다운 그림들이 방 안을 가득 메우고 있다. 특히 "나는 죽어서 천당에 가면 하루 종일 그림만 그리면서 살고 싶다."라는 처칠의 친필이 아주 인상적이다.

궁전 밖으로 나오면 아름다운 정원과 호수가 여행자의 발길을 유혹한다. 아름드리나무가 빼곡하게 들어선 호수 주변은 산책과 일광욕을 즐기는 사람들로 가득하다. 처칠도 이곳에서 산책하며 꿈과 희망을 키웠을 것이다. 그가 즐겨 찾던 호수를 산책하고 있노라니, 깊은 사색에 잠겨 있는 처칠을 만날 것 같은 묘한 기분에 빠져든다. ☼

세계문화유산으로 지정된 블렌하임 궁전은 윈스턴 처칠의 조상인 존 처칠이 1704년 독일의 블렌하임 전투에서 프랑스 및 독일의 바이에른 공국과 싸워 승리한 대가로 영국 왕실로부터 받은 것이다.

성 메리 교회에서 내려다본 옥스퍼드 칼리지의 전경.

위 | 옥스퍼드를 휩싼 자전거의 물결.
아래 | 블렌하임 궁전 안 노천카페 주변에는 아름다운 동상과 분수 등이 있어 궁전의 고풍스러움이 한껏 느껴진다.

위 | 루이스 캐럴 교수가 평생 몸담았던 크리스트 처치 칼리지는 옥스퍼드 최대의 대학이다.
아래 | 평온함과 젊음의 활력이 동시에 느껴지는 옥스퍼드의 오후 풍경.

전 세계 아티스트들의 가슴을 설레게 하는 축제, 영국 '에든버러'
EUROPE | oo3 | UNITED KINGDOM

영국은 잉글랜드, 스코틀랜드, 웨일즈, 북아일랜드가 합쳐진 국가이다.
특히 웨일즈를 제외하고는 제각기 다른 국기를 사용하고 있다.

런던에서 북쪽으로 629km 떨어진 에든버러. 영국의 이 조용한 소도시는 매년 8월 말이면 도시 전체가 들썩이기 시작한다. 에든버러 성에서는 스코틀랜드 전통 의상을 입은 수백의 군인들이 백파이프를 울려 대고, 에든버러의 밤하늘엔 화려한 불꽃 쇼가 펼쳐진다. 매년 8월 마지막 두 주와 9월 첫째 주에 걸쳐 열리는 '에든버러 국제 페스티벌'이 시작되는 것이다. 세계적인 아티스트들이 모여 예술에 대한 열정을 불태우고, 그들의 뜨거운 열정을 구경하고 응원하기 위해 수백만의 여행객이 몰려드는 세계적인 예술 축제, 에든버러 국제 페스티벌. 우리에게 친숙한 영국 최고의 코미디언 미스터 빈이 무명 시절을 보낸 곳도, 대한민국의 〈난타〉와 〈도깨비〉가 세계인의 큰 호응을 받았던 곳도 바로 이 축제였다.

에든버러 국제 페스티벌은 제2차 세계대전 이후 상처 받은 유럽인들의 마음을 치유할 목적으로 1947년 처음 개최되었다. 글린데본 오페라단의 행정관이던 루돌프 빙을 주축으로 몇몇 지인들이 뜻을 같이하여 자그마하게 시작하였기에 초기에는 스코틀랜드와 잉글랜드 출신의 예술인이 중심이 되는 작은 축제에 불과했다. 그러나 60여 년이 흘러 지금은 전 세계의 유명 예술가들이 서고 싶은 꿈의 무대가 되었다. 실제로 세계 60여 개국에서 1,000여 개의 단체가 참가하는 이 축제는, 공연되는 작품 수만 1,500편이 넘는다. 장르도 연극, 음악, 뮤지컬, 오페라, 코미디, 댄스 등 매우 다양하다. 공연 장소도 200여 곳에 달해 축제 기간이면 도시 전체가 공연장이라도 해도 손색이 없을 정도다.

스코틀랜드의 수도 에든버러는, 7세기경 노섬브리아 왕국의 에드윈 왕이 브리튼인들을 물리치고 바위 위에 '에드윈의 성'을 세웠는데, 이 성에서 도시 이름이 유래하였다. 에든버러는 걸어서 충분히 둘러볼 수 있을 만큼 작은 곳이다. 도시는 에든버러 웨버리 역을 중심으로 나뉘는데, 역 청사 왼쪽 언덕에는 에든버러 성을 비롯해 홀리루드 궁전, 로열 마일, 왕립 도서관, 에든버러 대학 등이 위치한 올드타운이 있고, 오른쪽에는 프린스 거리를 중심으로 백화점, 카페, 레스토랑, 기념품점, 상가 등 현대적인 편의 시설이 들어선 뉴타운이 있다.

　　에든버러 국제 페스티벌의 개막식이 열리는 에든버러 성은 여행객들이 꼭 찾아가는 곳이다. 600년의 모진 세월 속에서도 언제나 웅장하고 늠름한 모습을 잃지 않았던 에든버러 성은 스코틀랜드인들의 정신적 지주나 다름없다. 성 위에 올라서면 북해의 바다와 도시의 뉴타운이 한눈에 들어온다. 저 멀리 북해 바다는 손에 잡힐 듯 아주 가까이 느껴지는데, 온통 회색빛인 건물로 가득 찬 뉴타운은 어둡고 경직된 분위기로 어쩐지 여행객을 향해 한껏 찌푸린 듯한 인상이다.

　　하지만 에든버러의 언짢은 듯한 어두운 모습도 잠시, 에든버러 성을 내려와 홀리루드 궁전으로 향하는 1.6km 남짓의 거리 로열 마일에 들어서면 에든버러는 소박하지만 활기찬 속내를 드러낸다. 길 양옆으로 토산품점들과 크고 작은 부티크들, 카페, 레스토랑이 즐비하다. 그리고 로열 마일에는 즉흥 퍼포먼스가 일 년 내내 끊이질 않는다. 짧은 에든버러 국제 페스티벌의 아쉬움을 달래기라도 하듯, 에든버러 국제 페스티벌을 놓친 여행객들을 위로라도 하듯 말이다. 거리의 예술가들이 펼치는 즉흥 퍼포먼스와 마술과 서커스를 보느라 여행객의 발걸음은 늘 시속 제로에 머문다.

　　버버리 코트의 나라를 증명하려는 듯 작은 에든버러를 둘러보는 데만도 하늘이 수십 번 바뀐다. 햇빛이 쨍하는가 싶더니 먹구름이 밀려오고 금세 빗방울이 쏟아진다. 비를 피해 카페 한 켠에 자리하고 있자니 웬걸 하늘이 마치 아무 일 없던 양 맑은 얼굴을 드러낸다. 도무지 종잡을 수 없는 날씨다. 혼란스럽긴 하지만 덕분에 속절없이 고생해야 했던 발과 다리는 달콤한 휴식 시간을 얻었다. 그리고 보면 영국의 궂은 날씨는 몸도 마음도 바쁜 여행객들에게 속도 좀 조절하라고 조언하는 무언의 신호가 아닐까. ♡

중세 시대의 의상을 입고 프린지 페스티벌을 홍보하고 있는 청소년들.

영화 〈브레이브 하트〉의 주인공 분장을 한 사람이
에든버러 성 앞에서 관광객들과 사진 촬영하면서 돈을 벌고 있다.

짙은 회색 건물 일색인 에든버러 시가지의 건축물들.

## 에펠탑에 담긴 프랑스인의 자존심, 프랑스 '파리'

EUROPE | 004 | FRANCE

흔들리는 차창 밖으로 앙상한 가지들과 빛바랜 건물들이 스치듯 지나간다. 잔잔한 샹송 위로 에펠탑이 그려진다. 창문 위로 떨어지는 빗방울에 에펠탑이 흔들린다. 마치 샹송에 맞춰 춤을 추는 것처럼. 흑백의 그림 속에 에펠탑은 더욱 몽환적이다. 이는 흑백 영화 〈4백 번의 구타〉의 한 장면이다. 1959년 천재 감독 프랑수와 트뤼포가 어린 시절의 경험을 바탕으로 만든 자전적 영화 〈4백 번의 구타〉. 깐느 영화제에서 감독상을 수상하기도 했던 이 작품은, 그 도입부에서 파리의 상징이자 자존심인 에펠탑을 아름답게 담았다.

지난 2002년 에펠탑은 2억의 방문자를 기록했다. 에펠탑의 인기가 어느 정도인지 알려주는 대목이다. 프랑스혁명 백 주년을 기념하기 위해 1889년 구스타브 에펠이란 유명 건축가가 세운 철탑은 이제 에펠탑에 오르지 않고서는 파리를 다녀왔다는 말을 할 수 없을 정도가 됐다. 하지만 에펠탑이 처음 세워졌을 때만 해도 예술품이냐 건축물이냐 시시비비를 가리는 통에 곤욕을 치렀다고 한다. 특히 파리의 지식인들은 "최악의 고철 덩어리", "가볍고 천박한 이미지를 가진 마녀", "산업 기술이 예술의 도시

파리를 파괴시키고 있다." 등의 표현을 써 가며 혹평과 비난을 쏟아 냈다. 사실 파리는 건물을 지을 때 주변 건물들과 조화를 이루지 못하면 건축 허가를 내주지 않을 만큼 국가 차원에서 도시 전체의 이미지와 균형미를 조절하는 것으로 유명하다. 그러니 300m가 넘는 에펠탑이 등장했을 때, 그것도 주변의 고풍스런 중세의 건축물들과 전혀 어울리지 않는 철탑이 등장했으니 얼마나 불쾌했을까. 하지만 시간이 흘러 에펠탑은 파리의 상징이 됐다. 탑이 세워진 후 1억 명의 관광객이 방문하는 데는 90년 가까이 걸렸지만 2억 명을 돌파하는 데는 그로부터 불과 20년밖에 걸리지 않았다는 사실이 흥미롭다.

고속 엘리베이터를 타고 에펠탑에 올라서면 여행자들은 걸리버가 된다. 발 아래로 펼쳐진 파리 시내가 마치 장난감처럼 앙증맞은 모습으로 펼쳐지기 때문이다. 파리의 아름다운 풍경에 감탄하고 있는 것도 잠시, 걸리버들의 손길은 바빠진다. 소인국의 아름다운 풍경들을 카메라에 담기 위해서다. 예술가들의 쉼터인 몽마르트르 언덕, 파리지앵이 넘쳐나는 샹젤리제 거리, 오벨리스크가 솟아 있는 콩코르드 광장 등 파리의 멋진 풍경은 아무리 찍어도 성에 차지 않는다.

에펠탑에서 내려오면 여행자들은 다시 소인이 된다. 300m의 큰 키를 자랑하는 거대한 에펠탑 앞에서 여행자는 작아질 수밖에 없다. 등잔 밑이 어둡다지만 에펠탑을 감상하기에는 탑 아래만큼 적절한 곳이 없다. 탑 전체를 조망할 수는 없지만 대신 에펠탑의 철 구조물이 멋지게 펼쳐지기 때문이다. 네 개의 다리로 때로는 늠름하게 때로는 요염하게 서 있는 에펠탑은, 카멜레온처럼 빛의 방향과 색깔에 따라 아주 다른 모습을 보여 준다.

프랑스는 1998년 프랑스 월드컵을 성공적으로 치러 내면서 에펠탑을 멋지게 이용했다. 축구 선수가 된 에펠탑이 날아오는 축구공을 통쾌하게 헤딩하는 장면은, 세계 60억 시청자들에게 에펠탑을 한층 더 친근한 이미지로 각인시켰다. 그리고 1999년 12월 31일, 세기가 전환되는 그날 밤의 에펠탑은 평생 잊을 수 없는 볼거리를 선사했다.

프랑스 파리의 상징 에펠탑은 구스타프 에펠이 프랑스혁명 100주년인 1889년에 세웠다.

빅토리 위고의 「노트르담의 꼽추」 배경이 된 노트르담 대성당.

몽마르트 언덕 위에 있는 사크레 쾨르 사원은 1876년부터 약 40년에 걸쳐 완성되었다.

위 | 〈모나리자〉가 전시되어 있는 루브르 박물관은 유리로 된 피라미드 입구가 인상적이다.
아래 | 콩코르드 광장에서 바라다 본 오벨리스크와 에펠탑.

네온사인으로 한껏 단장한 에펠탑도 에펠탑이었지만, 그 뒤로 펼쳐진 화려한 불꽃 쇼는 두고두고 잊지 못할 장관이었다.

  부드러운 샹송이 흐르는 거리를 우아한 파리지엥이 거닌다. 우아한 도시는 밤이면 화려함으로 옷을 갈아입는다. 가로등 불빛은 파리의 밤거리를 은은하게 물들이고 센 강 위를 흐르는 유람선의 흔들리는 조명이 몽환을 더한다. 그리고 검은 밤하늘을 배경으로 높이 솟은 에펠탑은 시시각각 색을 달리하며 파리의 밤에 색채감을 더한다. 정말이지, 에펠탑이 있어 파리의 밤은 아름답다. ¤

몽생미셸은 바다 한가운데 우뚝 솟아 있는 섬이다. 과거에는 오직 썰물 때만 들어갈 수 있었다.

바다 한가운데 내려앉은 천사의 수도원, 프랑스 '몽생미셸'

프랑스 파리 몽파르나스 역에서 떼제베를 타고 렌 역까지 두어 시간, 다시 거기서 버스를 타고 한 시간을 가야 도착하는 몽생미셸. 그곳에 천년의 모진 풍파를 이겨내고 늠름하고 웅장한 모습으로 바다 위에 솟아 있는 수도원이 있다. 섬 위의 수도원인 몽생미셸 수도원. 시인 유하는 그 수도원을 두고 이렇게 노래했다. "밀물이 들고 어둠이 내리면/ 그 몽생미셸 수도원은 거대한 수정이 박힌 듯/ 별보다 시리게 빛나는 섬이 되지요/ 저 중세의 수도원은/ 얼마나 소중한 걸 간직해야 했길래/ 사람들 발길 닿지 않는 머나먼 곳에서 / 스스로 섬이 되어야 했을까"

　　바위산 전체가 마치 하나의 수도원 건물처럼 보이는 이곳은, 둘레 900m, 높이 78.6m의 웅장함으로 찾는 이로 하여금 경이감을 불러일으킨다. 몽생미셸 수도원이 위치한 이 섬은 원래 시시이숲 가운데로 솟아난 작은 산이었는데, 오랜 기간 침식 작용으로 바다에 둘러싸인 섬이 되었다. 과거에는 조수간만의 차가 15m에 이르고 파도가 매섭고 사나워서, 중세에는 성지 순례로 이곳을 찾았다가 목숨을 잃은 수도사가 많았다고 한다. 1875년 육지와 연결된 퐁토르송 방파제가 세워진 이후에야 만조 때 수도원이 완전히 물에 잠기는 일도, 파도에 휩쓸려 수도사가 목숨을 잃는 일도 일어나지 않게 되었다.

　　몽생미셸 수도원은 708년 아브랑슈의 주교였던 생 토베르가 꿈속에서 성 미카엘의 계시를 받아 지었다고 한다. 그래서 성 이름도 대 천사 성 미카엘의 프랑스식 발음 '몽생미셸'로 지었다. 이 수도원은 한 번에 건축된 것이 아니라 수세기에 걸쳐 증축되고 개축되었다. 708년 바위산 위에 처음 건축되기 시작하였고, 10세기 말에 미카엘을 모신 지하 예배당이 개축됐다. 11세기에는 남쪽에 생 마르탱 지하 예배당이 건축됐고, 북쪽에는 양초 성모상이 있는 예배당이 지어졌다. 또한 바위산 제일 높은 곳에 미카엘 상을 모신 성당도 함께 지어졌다. 1211년에는 고딕 양식의 3층 건물 라메르베유를 비롯해 수사들의 대식당과 회랑 등의 건축물이 들어섰다. 그러다 14세기 영국과 벌인 백년전쟁 때 수도원은 방어용 벽과 탑이 세워진 요새가 되기도 했다. 나폴레옹 시대에 혁명군의 감옥으로 사용되기도 했는데, 감옥은 1863년 폐쇄됐다. 현재는 수도사들이 신앙심을 오롯이 키울 수 있는 수도원으로 자리매김하고 있다.

  이 수도원은 바다 가운데에 놓여 있어, 특히 밀물이 가득 찰 때 외부로부터 완전히 고립된 또 하나의 세계를 이룬다. 유일한 출입구인 '왕의 문'이 닫히는 순간 몽생미셸은 개미 한 마리조차 들어갈 수 없는 완벽한 성채가 되는 것이다. 하지만 수도원 옆에서는 순한 양들이 풀을 뜯으며 유유자적 푸른 잔디 위에서 노닌다. 수도원의 경건함에 프랑스 작은 시골 마을의 아담하고 평화로운 풍경에 덧칠된 모습은 그야말로 아름답다.

  몽생미셸의 입구에 들어서면 좁고 비탈진 길이 마치 수도사의 고행길마냥 구절양장으로 성채까지 이어진다. 하지만 일단 길 위로 들어서면 그 길은 고행길이 아니라 행복한 여행길이 된다. '왕의 문'을 지나자마자 '그랑 뤼'라 불리는 거리 양옆으로 고소한 냄새를 풍기는 빵집이 있고, 그 옆으로 레스토랑과 카페와 기념품점과 작은 호텔들이 어깨를 나란히 하고 있다. 마치 이탈리아 로마 안의 바티칸 시국처럼, 프랑스 안의 또 다른 독립국에 들어와 있는 듯하다.

  계단을 따라 성 미카엘 예배당에 올라서면 노르망디 지방의 전원적인 풍경이 파노라마처럼 펼쳐진다. 바다로 둘러싸인 수도원 주변으로 말보다 빠른 속도로 파도가 달려든다. 그 위세가 무서우면서도 한없이 시원하게 느껴진다. 수도원 내부로 들어가면 조금은 다른 분위기가 연출된다. 다소 을씨년스럽다고나 할까. 수도원답게 검소함이 그대로 묻어나는 이곳에서 여행자들은 수도사들의 숙소와 식당과 수행을 하던 장소들을 둘러볼 수 있다. 그곳들을 둘러보고 있으려니, 그 적막한 공간에서 한없이 외로웠을 수도사들이 측은하게 느껴진다. ○

위 | 제방을 따라 몽생미셸로 가까이 다가가면 엄청난 규모의 수도원이 자태를 드러내기 시작한다.
아래 | 파란 하늘 위로 솟아오른 몽생미셸의 첨탑. 〈사진 프랑스 관광청 제공〉

현재에도 베네딕트 수도원으로 사용되고 있는 몽생미셸의 내부 전경.

안개가 자욱하게 낀 몽생미셸의 아침 풍경.

돌 첨탑과 건물들로 둘러싸여 있는 3층 건물의 몽생미셸 수도원.
이곳에는 작은 정원이 있는데 그 밖으로 아름다운 바다가 펼쳐져 있다.

마네의 〈풀밭 위의 점심〉을 현실의 캔버스로 옮기다, 프랑스 '퐁텐블로'

EUROPE | 006 | FRANCE

파리에서 50km 정도 떨어진 퐁텐블로 성은 과거 왕실 전용 사냥터였다.

프랑스 최초로 르네상스 양식으로 지어진 퐁텐블로 성.

나폴레옹 황제와 그의 아내 조세핀이 결혼한 후 살았던 퐁텐블로.

퐁텐블로 성 내부는 화려한 장식으로 치장되어 있다.

파리에서 기차로 한 시간을 달려 도착한 퐁텐블로는 온통 초록빛이다. 풍요롭고 비옥한 대지임을 증명하려는 듯, 거목들이 빽빽하게 자라 어깨를 맞대고 있다. 풍성한 태양 빛에 맑은 물을 머금고 자란 아름드리나무가 푸르른 곳, 퐁텐블로는 파리 근교에서 최고의 녹색 지대로 평가되면서, 삼림욕을 즐기려는 여행자들이 몰려들고 있다. 이곳의 수려한 경치는 이미 우리에게 익숙한데, 바로 인상주의 미술의 아버지 마네가 그린 〈풀밭 위의 점심〉이나 풍경화가 루소의 〈퐁텐블로의 숲〉 때문이다.

숲 속의 도시 퐁텐블로의 울창한 숲은 오래전부터 동물들에게 아주 좋은 서식처였다. 그래서 12세기부터 왕들은 이곳에서 사냥을 즐겼다. 수렵지로 명성을 날리면서 퐁텐블로 곳곳에 왕들이 쉬어 갈 건물들이 하나둘 들어서기 시작했다.

퐁텐블로 성이 대표적인 예이다. 이 성은 16세기 프랑수아 1세부터 본격적으로 지어지기 시작하여 루이 16세 때까지 다양한 형식으로 지어졌다. 중세의 카페 왕조에서부터 나폴레옹 3세에 이르기까지 프랑스의 역사를 응축시켜 놓은 퐁텐블로 성은, 베르사유 궁전에 비해 화려한 맛은 떨어지지만 자연과의 조화미는 비교할 수 없을 만큼 뛰어나다.

이 성을 본격적으로 짓기 시작한 프랑수아 1세는 당시 프랑스보다 문화적으로 발전한 이탈리아의 르네상스 문화에 심취해 있었다. 그래서 이탈리아 출신의 건축가, 화가, 조각가 등을 초빙해 궁정을 세우고, 일 로소, 프리마티초, 아바테 등 이탈리아의 예술가들에게 내부를 장식하게 하였다. 레오나르도 다 빈치도 이 때 프랑수아 1세의 초청을 받아, 퐁텐블로에 이탈리아의 르네상스 문화를 정착시키는 데 큰 기여를 하였다. 퐁텐블로파라는 새로운 문화사조가 형성될 수 있었던 것도 레오나르도 다 빈치를 포함한 다수의 이탈리아 예술가 덕분이다.

퐁텐블로 성의 철문을 지나면 회색 돌들이 성의 앞마당에 나란히 누워 있다. 이 마당은 1814년 나폴레옹이 엘바 섬으로 유배를 떠나기 전 자신의 부하와 근위병들에게 이별을 고한 장소로 유명하다. 그래서 일명 '이별의 마당'이라고 불린다. 성의 뒤쪽으로 돌아가면 인공 연못과 바르비종으로 이어지는 작은 숲길이 나온다. 이 숲길 위의 산책은 퐁텐블로의 백미다. 평지 위에 오목하게 땅을 파고 물을 부어 만든 연못은 상상 이상으로 규모가 큰데, 그 옆으로 스페이스 모양의 정원수와 오두막들이 있어 소박한 아름다움까지 가지고 있다.

　　바르비종은 그 평화로운 풍경으로 많은 화가들의 소재가 되었다. 루소와 밀레가 대표적인데, 그들은 퐁텐블로와 바르비종, 이 근사한 숲과 농촌을 배경으로 인간미 넘치는 그림을 많이 그렸다. 〈이삭 줍는 여인〉, 〈양치는 소녀〉, 〈만종〉 등이 그런 그림이다. 파리의 미술관에 박제된 그 그림들은 퐁텐블로에서 현실로 되살아난다. 자연에 순응하고 평화롭게 살아가는 인간의 삶이 그림이 아닌 퐁텐블로에서 그대로 재현되고 있는 것이다. 그 아름다운 풍경 속을 여행자들이 유유히 거닌다. 아름드리나무가 내뿜는 맑은 공기를 마시며, 울창한 숲이 만드는 초록빛을 두 눈 가득 담으며. 그렇게 조용히 걷고 있노라면 몸이 아니라 영혼이 먼저 맑게 정화되는 듯하다. ¤

지구상 가장 매혹적인 '물의 도시', 이탈리아 '베네치아'

EUROPE | 007 | ITALY

산 마르코 광장에서 본 산 조르조 마죠레 성당

'물의 도시' 베니스 여행의 백미는 곤돌라를 타는 것이다.
곤돌라는 여행자뿐 아니라 시민들에게도 중요한 교통 수단이기도 하다.

베네치아에는 자동차가 없다. 바퀴를 단 마차도 없다. 118개의 섬과 그 섬들을 연결하는 400여 개의 다리, 그리고 물 위를 한가로이 떠다니는 곤돌라만이 있을 뿐이다. '물의 도시' 베네치아. 인간들은 섬과 갯벌 사이를 메워 도시를 세우고 그 아슬아슬한 땅 위에 견고하게 건축물을 쌓아 올렸다. 그 위에서 인간들은 삶을 영위했고, 셰익스피어는 이곳을 무대로 『베니스의 상인』을 탄생시켰다. 가면과 유리 공예는 이 도시에 화려함과 섬세함을 더한다. 그래서 베네치아는 지구상 가장 이국적이고 매혹적인 도시가 되었다.

베네치아의 역사가 시작되는 것은 567년. 이민족의 박해를 피해 롬바르디아 피난민들이 이곳에 들어오면서부터다. 처음에는 12개의 섬으로 이루어진 작은 도시였지만, 10세기 말 동부 지중해와 무역을 하면서 경제적 번영을 이루었다. 그 바탕 위에 아시아의 후추, 계피 등 향신료를 유럽에 소개하고 판매하면서 베네치아는, 유럽과 아시아 간의 중계 무역 도시로서 급속도로 성장을 하였다.

베네치아를 둘러보는 데는 그리 오랜 시간이 걸리지 않는다. 섬이 많다고는 해도 면적 자체가 그리 넓지 않아 주요 명소들은 하루면 충분히 돌아볼 수 있다. 베네치아 여행의 백미는 교통수단에 있다. 물의 도시답게 베네치아에는 해상 운송 수단이 발달하였는데, 바포레토와 곤돌라가 그것이다. 간단히 설명하자면 바포레토는 수상 버스, 곤돌라는 수상 택시쯤 된다. 제법 속도가 나는 바포레토를 타고는 해안가를 시원하게 달리며 베네치아의 풍경을 바라볼 수 있고, 좁은 수로를 유유히 흐르는 곤돌라를 타고는 편안하게 앉아 베네치아의 구석구석을 들여다볼 수 있다.

베네치아는 미로 같다. 빼곡히 들어선 작은 상점과 카페, 레스토랑 사이를 정신없이 걷다 보면 여행자는 쉽게 길을 잃는다. 비슷비슷하게 생긴 건물들도 초행자들에겐 난관이다. 하지만 크게 걱정할 건 없다. 베네치아의 모든 길은 산마르코 광장과 리알토 다리로 연결된다. 그래서 막다른 골목길과 알 수 없는 양갈래 길을 만났을 때 이 정표만 잘 찾아내면 그 복잡한 미로 속에서 성공적으로 탈출할 수 있다.

베네치아의 주요 볼거리는 산마르코 광장 주변에 몰려 있다. 9세기 이집트에서 운반된 성 마르크의 유해를 보관하고 있는 산마르코 성당, 공화국 시절 총독의 청사로 사용되었던 두칼레 궁전, 베네치아 시내를 한눈에 조망할 수 있는 종탑, 탄식의 다리 등 여행자들이 둘러볼 만한 곳들이 모여 있는 것이다. 그래서 산마르코 광장은 늘 여행자들로 북적인다. 그 위로 엄청나게 많은 비둘기가 날아다닌다. 여행자들이 던져 주는 먹이 탓에 나날이 늘어나는 비둘기는 산마르코 광장의 상징이자 또 하나의 볼거리가 됐다.

산마르코 광장의 핵심은 산마르코 성당이다. 베네치아의 오랜 역사를 간직한 이 성당은, 그 내부 장식이 이탈리아의 다른 성당들과 매우 다른 것으로 유명하다. 대부분의 성당이 주로 아이보리색의 밝은 대리석을 사용한 데 반해, 산마르코 성당은 밝은 대리석은 바닥에만 깔고 주로 검정 계통의 대리석을 이용하여 내부를 장식했다. 산마르코 성당의 독특함과 화려함은 이 검은 대리석에서 나온다. 그 대리석 자체가 자연적으로 생겨난 문양으로 아름답고 독특하기 때문이다. 아마도 무역으로 축적한 막대한 부가 있었기에, 이토록 비싸고 귀한 대리석으로 독특한 성당을 지을 수 있었던 게 아닐까 싶다.

베네치아 여행의 마무리는 '플로리안 카페'에서 하면 어떨까. 산마르코 광장의 이 카페는 누구라도 오랜 역사와 옛 자취를 느낄 수 있는 곳이다. 중세 골동품 가게에서나 봄 직한 고풍스럽고 우아한 테이블과 의자가 250년 전통에 빛나는 가게의 역사를 말하고 있기 때문이다. 바그너, 디킨스, 모네, 마네, 니체, 릴케 등 이름만 대면 누구나 다 알 만한 역사적 지식인들이 거쳐 간 곳, 1789년 프랑스혁명 당시 최신 뉴스 센터의 역할을 했고, 1797년 나폴레옹 점령 시에는 애국 청년들과 지식인들의 저항 무대가 되었던 곳, 플로리안 카페. 그 역사적 장소에서 누리는 커피 한 잔의 여유야말로, 베네치아를 여행하는 자들에게 최고의 사치이자 가장 멋진 추억이 되지 않을까.

유럽에서도 아름답기로 소문난 산 마르코 광장.

지하 감옥으로 사용되기도 했던 탄식의 다리.

하얀 지붕 위에 그려진 지중해는 꿈과 낭만이 스며 있다.

지중해의 조용하고 아담한 예술의 도시, 이탈리아 '포시타노'

EUROPE | 008 | ITALY

이탈리아의 소렌토에서 아말피행 버스를 타고 40분을 달려가면 만날 수 있는 도시, 포시타노. 산비탈의 험한 길을 가야 하지만 그런 수고로움이 전혀 아깝지 않다. 지중해를 내려다보고 있는 가파른 절벽 위에 귀엽고 앙증맞게 앉아 있는 하얗고 노란 집들. 그 풍경이 만들어 내는 아름다움이 어느 정도인고 하니, 제2차 세계대전 후에 리처드 바그너, 토스카니니, 로버트 카파, 앙드레 고디 등 이름만 대면 누구나 알 수 있는 세계적인 예술가들이 이곳에서 예술적 영감을 얻어 갔을 정도다. 세계 여행 담당 기자들과 여행 관계자들을 대상으로 한 설문에서도 가장 인기 있는 관광지로 늘 꼽히는 곳이 바로 이 포시타노다.

부드러운 지중해의 바람이 일 년 내내 불어오고 따뜻한 햇살이 언제나 내리쬐는 포시타노는, 절벽 위에 지어진 하얗고 노란 집들로 유명하다. 그 집들이 들어선 모양새가 어찌나 촘촘한지 마치 무인도에 지어진 괭이갈매기 집 같다. 사실 포시타노는 도시라고 하기에는 규모가 작다. 인구가 1,000명이 채 되지 않기 때문이다. 하지만 덕분에 참 좋은 휴양 도시이기도 하다. 작고 아담하고 조용해서 누구나 편안하고 고요한 휴식을 즐기기에 안성맞춤이기 때문이다.

포시타노란 도시 이름은 바다의 신 포세이돈의 이름에서 따왔다고 한다. 전설에 따르면 여신 데메테르를 사랑한 포세이돈이 그녀 마음을 사로잡기 위해 말로 둔갑하여 멋진 포시타노 해변을 마구 달리며 유혹했단다. 그래서 상반신은 인간의 모습을 하고 하반신은 말 모습을 한 청동상은 포시타노의 대표적 상징이다.

포시타노는 산비탈을 따라 계단식으로 형성되어 골목이 상당히 좁다. 어디가 어딘지 분간하기조차 힘들다. 하지만 이 좁고 거미줄처럼 얽히고설킨 골목을 이리저리 배회하다 보면 사람 좋게 웃는 현지인도 만나고, 가끔 엉덩이를 갸우뚱거리며 언덕길을 오르는 노쇠한 당나귀도 만나게 된다. 이 골목길에는 눈에 띄는 점이 하나 있다. 바로 그림 문패다. 주소를 알리는 문패에 저마다 다른 모양의 그림이 그려져 있다. 그게 골목 풍경을 독특하게 만들어 준다.

포시타노 해변도 독특하다. 모래 대신 검은 자갈이 해변을 가득 메우고 있는 것이다. 그래서 해변을 거닐고 있으면 발을 움직일 때마다 발자국 소리가 기분 좋게 흘러나온다. 마치 토스카니니 지휘로 만들어지는 오케스트라의 멋진 화음 같다. 해변은 그리 길지 않다. 200m가 채 안된다. 아쉽다면 해변 옆 레스토랑에서 캄파니아 음식을 맛보는 건 어떨까. 특히 포시타노는 백포도주와 해물 파스타가 유명하니, 그 메뉴만큼은 놓치지 말아야 한다.

그런가 하면 이곳에서는 화가들을 쉽게 만날 수 있다. 예술의 도시답다. 겹겹이 쌓아 올린 듯한 집이나 푸른 바다를 헤치고 나가는 어부의 모습을 하얀 캔버스 위에 그려 내는 화가들의 손놀림이 빠르다. 여행자들은 화가들의 그림 보는 재미에 시간 가는 줄을 모른다. 좀 더 관심이 있다면 작은 미술 갤러리를 찾아보자. 종종 역량 있는 신예 작가들 작품이 전시되어 있으니, 이탈리아 미술의 현주소를 파악하는 좋은 계기가 될 것이다.

네온사인이 하나둘씩 켜지면 포시타노는 은은한 오렌지 빛으로 물들기 시작한다. 밤의 기운으로 작은 마을은 새로운 활력을 얻는다. 낮게 드리워진 실내조명, 탁자 위에서 너울너울 춤을 추는 촛불, 연기 사이로 은은하게 울려 퍼지는 비치보이스의 〈코코모〉, 그리고 감미로운 칵테일 한 잔! 이 모든 것이 포시타노를 배경으로 한 아름다운 영화의 한 장면 같기만 하다. ⌑

이탈리아의 열정적인 지휘자 토스카니니가 사랑했던 포시타노.

지중해의 석양을 배경으로 아름다운 사랑을 나누고 있는 연인들.

가파른 언덕 위에 지어진 포시타노의 호텔에서는 창문 밖으로 지중해가 시원하게 펼쳐진다.

피리 부는 청동상은 포시타노와 포세이돈 신과의 연관성을 보여 주는 상징물이다.

# 영원한 제국의 수도, 이탈리아 '로마'

EUROPE | 009 | ITALY

'영원한 제국' 로마. 몽골, 카르타고, 페르시아와 함께 고대 인류사에 한 획을 그은 제국. 유럽과 지중해 그리고 중동을 중심으로 로마가 건설한 대제국은, 그 크기뿐만 아니라 놀라운 건축 기술과 다양한 사회 시스템으로 오늘날까지도 최고의 제국으로 여겨진다. 에드워드 기번의 『로마 제국 쇠망사』와 시오노 나나미의 『로마인 이야기』가 역사책의 한계를 뛰어넘어 전 세계인의 사랑을 받는 것은, 로마가 시공간을 초월하여 오늘에까지 영향을 주고 있음을 보여준다.

영원한 로마를 뜻하는 '로마 아에테르나'는 로마의 고대적 이름이며, 기원전 753년 테베레 강 유역 팔라티노 언덕 위에 세워진 고대 도시가 로마의 기원으로 알려져 있다. 세계 최초의 도시이자 로마 제국의 수도였던 로마는, 수천 년의 역사에서 유럽 문화의 중심이면서 동시에 절대적인 영향력을 행사했던 교황들의 본거지였다. 로마 제국이 전성기를 누렸던 2세기 초 이미 백만의 인구를 가졌던 도시이기도 하다.

로마에서 가장 먼저 도시다운 모습을 갖춘 곳은 팔라티노 언덕과 퀴리날레 언덕, 그리고 두 언덕 사이에 위치한 카피톨리노 언덕 기슭의 포럼이었다. 기원전 387년

골족의 침입으로 황폐해지기도 하였으나, 다시 재건되면서 로마 제국의 수도로서 면모를 다지게 된다. 로마하면 건축 기술을 거론하지 않을 수 없는데, 대규모 신전과 시민을 위한 공공건물을 짓는 것은 물론, 기원전 213년에는 도시 최초로 수도 시설이 들어섰고 최초의 포장도로라고 할 수 있는 아피아 가도도 완공되었다. 이 시기에는 돌 사이에 회반죽을 채워 넣어 쌓아 올리는 로마 특유의 건축 방식이 개발되기도 하였다.

로마는 초대 황제 아우구스투스 시대에 더 큰 도약을 했다. 로마의 도시 개조를 지휘한 황제는 "벽돌의 도시 로마를 발견해 대리석의 도시로 변모 시키겠다."라고 선언한 이후 캄푸스 마르티우스에도 건물을 지어 도시의 영역을 확장시켰다. 콜로세움과 카라칼라 목욕탕이 바로 이 시기에 만들어진 대표적인 건축물이다. 그러나 네로황제 때에는 대화재로 도시의 대부분이 파괴되기도 했다. 로마의 발전이 정점에 이른 것은 2세기경이었다. 이후 로마 제국은 동로마 제국으로 분리되어 오스만 제국에 의해 멸망하기 전까지 세계사에 큰 자취를 남겼다.

거대한 스케일을 가진 역사 덕분에 로마를 배경을 한 영화가 수천 편에 이르는데, 그 중 〈벤허〉는 당시 로마의 생활상을 아주 잘 보여 주는 영화다. 영화를 보고 로마를 방문하면 마치 하나의 거대한 세트장에 들어선 느낌이다. 또한 도시에 숨겨진 유적과 유물이 셀 수 없을 만큼 많아서 도시 자체가 하나의 야외 박물관으로 느껴질 정도다. 그 중에서도 고대 시대 공공 시설물로서는 가장 큰 규모를 자랑하는 원형 경기장 콜로세움을 비롯해 기원전 27년 아그리파가 세운 판테온, 로마에서 가장 유명하고 오래된 포로로마노 광장 등은 로마 제국의 전성기를 한눈에 볼 수 있는 소중한 유적이다.

로마에는 거친 전쟁의 역사, 거대한 제국의 역사만 담겨 있는 게 아니다. 오드리 햅번 주연의 영화 〈로마의 휴일〉은 로마의 낭만적인 얼굴을 보여 주었다. 오드리 햅번이 아이스크림을 먹으며 종종걸음으로 스페인 광장 계단을 내려오는 장면, 그리고 그레고리 펙의 등을 꽉 붙잡고 스쿠터로 도시를 질주하는 장면은 얼마나 예쁘고 짜릿했던가. 그래서 여행객들과 현지인들이 가장 좋아하는 장소는 스페인 광장과 트레비 분

영원한 제국, 로마. 그들의 영화로움이 고스란히 남아 있는 포로 로마노는
로마제국의 번영과 쇠퇴 그리고 멸망까지 2500년의 역사 품고 있는 로마 제국의 중심지다.

위 | 세계에서 가장 작은 나라이자 로마 속에 있는 나라, 바티칸. 사진은 바티칸 미술관의 계단.
아래 | 가톨릭의 총 본산인 성 베드로 성당과 광장.

위 | 로마제국은 식민국가에 물과 와인을 '황제의 시혜'라는 명목으로 제공했다.
아래 | 로마시대에서 볼 수 있는 바로크 양식의 마지막 걸작품, 트레비 분수.

081

로마 교황이 연설할 때마다 세계 도처에서 온 가톨릭 신자들로 가득한 바티칸의 전경.

수다. 스페인 광장의 계단에는 연인끼리 친구끼리 나란히 앉아 담소를 나눈다. 그들 손에는 하나같이 아이스크림을 들려 있는데, 그 풍경이 〈로마의 휴일〉을 재연하고자 하는 관객들의 노력인 듯해서 재미있다.

트레비 분수는 바로크 양식의 최대 걸작이다. 트레비 분수는 중앙에 자리한 넵튠 신과 트리톤 신의 화려한 대리석 조각상과 언제나 동전으로 덮여 있는 분수 바닥으로 유명하다. 트레비 분수에는 내려오는 전설이 하나 있다. 분수를 등지고 서서 동전을 한 개 던지면 다시 로마에 올 수 있고, 두 개를 던지면 사랑이 이루어지고, 세 개를 던지면 사랑하는 사람과 헤어지게 된다는 것이다. 그래서 트레비 분수에는 늘 등지고 동전을 던지는 사람들로 만원이다. 그들의 소원이 이루어졌는지는 모르겠지만, 로마 시당국에서 이 돈을 정기적으로 수거하여 자선 사업에 쓴다고 하니 소원이 이루어지지 않았대도 아쉬워하지는 말자.

로마 제국이 사라진 지도 수천 년이 흘렀다. 오랜 세월이 흐르는 동안 화려했던 로마 제국의 영광은 파괴되고 부서진 채 흔적만 남았다. 하지만 로마는 죽지 않았다. 여행객들은 부서진 반쪽 자리 유적을 보기 위해 물 밀듯 밀려온다. 그리고 그 유적 위에 상상을 더해 당시의 역사를 그려 나가고 있다. 여행객들의 상상 속에 재현된 로마는, 여전히 찬란하고 아름답다. ¤

## 한 송이 아름다운 꽃으로 환생한 이탈리아 '피렌체'
EUROPE | 010 | ITALY

단테의 고향이자 16세기 르네상스가 찬란하게 꽃을 피웠던 도시 피렌체. 이탈리아 토스카나 지방의 주도인 피렌체에는 단테, 보카치오, 미켈란젤로, 레오나르도 다빈치 등 위대한 예술가들의 업적과 일상이 남아 있다. 토스카나 최고의 부자였던 메디치 가문이 건축, 조각, 회화, 문학 등 장르에 관계없이 막대한 후원을 한 덕분에 이탈리아의 피렌체는 오늘날까지 예술의 도시로서 인정받고 있다.

피렌체 여행은 피렌체 공국의 종교적 중심지인 두오모 성당에서 시작된다. 뾰족한 탑들이 지붕 위를 가득 메우고 있는 밀라노의 두오모 성당과 달리, 이곳은 흰색과 선홍색과 녹색의 화려한 대리석으로 장식된 외관이 아름다움의 극치를 이룬다. 높이 114m에 3만 명이 들어갈 수 있는 성당은 카메라 프레임 안에 한 번에 담기 어려울 만큼 웅장하고 거대하다. 세계 3대 성당이란 이름값이 아깝지 않다. 특히 내부는 세계 최고의 화가들이 그린 작품과 조각들로 장식되어 있는데, 그 중 압권은 미완의 작품, 미켈란젤로의 〈피에타〉이다.

육중한 두오모 성당을 빠져나오면 바로 맞은편에 산 죠반니 세례당이 있다. 피렌체에서 가장 오래된 이곳은 단테가 태어나자마자 세례를 받은 곳으로도 유명해 여행자들이 꼭 찾는 명소다. 또한 세례당 입구는 로렌조 가베르티가 30년에 걸쳐 만든 웅장하고 정교한 청동문이 있어 항상 사람들로 북적인다. 이 문에는 아담과 이브의 창조, 노아의 방주 등 성서의 창세기와 관련된 열 가지 이야기가 검은 바탕에 노란색으로 조각되어 있다. 미켈란젤로는 이 문을 보고 '천국의 문'이라고 높이 평가했다.

피렌체에서 가장 인기 있는 곳은 유럽 3대 미술관으로 손꼽히는 우피치 미술관이다. 여름 성수기에 가면 그 줄이 어찌나 긴지 줄 서서 보내야 하는 시간과 관람하는 데 걸리는 시간을 합해 거의 하루가 소요될 정도다. 우피치 미술관 안에는 세계 거장들의 미술 작품들이 수두룩한데, 르네상스 시대를 대표하는 미켈란젤로와 레오나르도 다 빈치와 보티첼리 등의 작품이 대표적이다.

베키오 다리는 레오나르도 다 빈치의 자취를 느낄 수 있는 이색적인 장소다. 서유럽에서 가장 오래된 아치교인 베키오 다리에는 양옆으로 금은보석 상가들이 모여 있어 피렌체의 금은 세공 기술을 엿볼 수 있다. 하지만 이곳이 특별한 이유는 따로 있다. 바로 레오나르도 다 빈치가 베로키오 공방 시절에 생계를 유지하기 위해 친구 보티첼리와 함께 차렸던 술집 '산드로와 레오나르도의 세 마리 개구리 깃발'이 있기 때문이다.

다리를 지나 왼쪽 강변을 따라 10여 분 걸어가면 미켈란젤로 광장이 있다. 그리 높은 언덕은 아니지만 도시의 중심인 쿠포라와 빨간 지붕을 가진 도시 전체가 한눈에 들어온다. 광장 중심에는 모조품 다비드 상이 은은한 광채를 내며 서 있다. 어느 여행책에는 이런 조언이 있었다. 이곳은 꼭 석양이 지기 전에 올라가 파노라마처럼 펼쳐지는 도시의 풍광을 감상해야 한다는. 그의 말이 맞다. 붉은 태양이 아르노 강의 베키오 다리 위에 걸리면, 피렌체는 그 자체로 황홀경이 되는 것이다. ¤

피렌체는 14~15세기에 메디치 가문의 지원에 힘입어 르네상스 문화를 꽃피운 도시이다.

위 | 베키오 다리 위에서 책을 읽고 있는 신사 모습이 마치 영화의 한 장면 같다.
아래 | 미켈란젤로 언덕에 올라서면 발아래로 도시 전체가 한눈에 들어온다.

위 | 세계문화유산 도시답게 발길 닿는 곳마다 아름다운 조각품과 그림이 가득하다.
아래 | 피렌체는 이탈리아 여행의 메카라고 불릴 만큼 유구한 역사와 문화를 자랑한다.

월트 디즈니도 반한
노인슈반슈타인 성을 찾아서, 독일 '퓌센'

EUROPE | 011 | GERMANY

노이슈반슈타인 성은 퓌센의 상징이자 세계에서도 가장 아름다운 성으로 꼽히는 성이다.

독일을 여행하는 사람이라면 누구나 꿈꾸는 길, 로만틱 가도. 독일 남부의 젖줄인 마인 강과 타우버 강과 레흐 강을 따라 26개의 중세 도시를 연결하는 360km의 아름다운 길. 얼마나 낭만적인 길이기에 그런 이름이 붙었을까 싶지만, 실은 독일과 이탈리아의 로마를 연결한다는 뜻, 즉 '로마로 가는 길'의 의미를 가진 길이다.

그렇다 해도 여행자에겐 그저 로맨틱한 길이다. 길이 지나치는 도시들은 하나같이 아름답다. 유로화가 사용되기 전 50마르크 지폐에 그려진 도시이자 헤르만 헤세가 "만약 내가 고향을 선택할 수 있다면 당연히 택할 곳"이라고 말했던 뷔르츠부르크, 제2차 세계대전 때도 피해를 거의 없지 않아 중세의 모습이 그대로 남아 있는 '중세의 보석' 로텐부르크, 미켈란젤로와 라파엘로의 자유정신이 르네상스식 건물 곳곳에 스며 있는 아우구스부르크 등은 로만틱 가도를 대표하는 도시들이다. 그 중세 도시를 걸으면서 여행자들은 끊임없이 감탄사를 토해 놓곤 한다.

하지만 퓌센에 도착하고 나면 그동안 로만틱 가도 위에 쏟아 내었던 감탄사와 미사여구가 아까워질 지경이다. 빈약한 인간의 언어를 탓하며, 빼어난 자연 경관과 고풍스런 고성에 그저 '그림'이라고밖에는 표현할 수 없는 '동화 속의 도시' 퓌센. 그래서 퓌센은 로만틱 가도의 핵심이자 필수 코스이다.

퓌센에는 바이메른의 국왕 루드비히 2세의 흔적이 곳곳에 남겨져 있다. 호엔슈반가우 성은 루드비히 2세의 유년 및 소년기가 담겨 있는 성이다. 원래의 성은 나폴레옹의 침입으로 파괴되었지만 그의 아버지 믹시말리안 2세가 6년에 걸쳐 재건축을 하여 오늘에 이르고 있다. 네오고딕 양식으로 지어진 호엔슈반가우 성은 호수가 내려다 보이는 언덕 위에 지어졌다. 파란 하늘 아래 빛나는 노란 외벽은 이 성의 자랑이다. 성 안은 바바리안 기사와 영웅들이 그려진 벽화와 신비로운 동양 미술품을 비롯하여 온갖 진귀한 예술품들로 장식되어 있다. 3층에 있는 루드비히 2세의 방에서는 그의 숨결과 향기가 오롯이 느껴진다. 스테인드글라스 위에 그려진, 성모 마리아 품속의 어린 예수는 심약하고 감성적이었던 루드비히 2세를 그대로 닮았다. 작은 방 한 켠의 낡은 피아노는 삶의 애절함을 음악으로 승화시키려 했던 그의 노력이 엿보인다.

호엔슈반가우 성이 아버지의 성이라면 노인슈반슈타인 성은 루드비히 2세의 성이다. 뮌헨에서의 왕궁 생활이 지겨워 전설 속의 성을 꿈꾸며 루드비히 2세가 직접 지은 성이기 때문이다. 일명 '신新 백조의 성'으로 불리는 이곳은 사실 우리에겐 호엔슈반가우 성보다 더 친숙하다. 미국의 디즈니랜드 때문이다. 월트 디즈니가 디즈니랜드의 환타지랜드를 건축할 당시 바로 이 노인슈반슈타인 성을 모델로 하였던 것이다. 디즈니랜드가 모델로 삼을 만큼 아름다운 성을 짓기 위해, 루드비히 2세는 자신의 전 재산은 물론 은행 대출까지 받아야 했다. 설계도 자신이 직접 하였는데 오페라의 무대 배경처럼 아름답고 환상적인 모습으로 꾸미기 위해 뮌헨 국립극장 무대작가의 도움을 받았다고 한다. 그의 노력 덕분에 노인슈반슈타인 성은 어디 하나 부족함이 없는 성으로 완성됐다. 성의 외벽은 흰색과 베이지색 대리석 덕분에 중세의 우아한 멋이 한껏 살아 있고, 지붕의 남청색 원추들은 푸른 하늘을 향해 솟아올라 성에 예술미를 더하고 있다.

노이슈바슈타인 성 내부는 루드비히 2세가 바그너의 오페라를 얼마나 사랑했는지를 보여준다. 거실에는 오페라 〈파르치팔〉과 〈로엔그린〉의 배경과 등장인물들이 아름다운 회화로 그려져 있다. 거실에서 외부로 이어지는 통로에는 〈탄호이저〉가, 각 방에는 〈트리스탄과 이졸데〉, 〈니벨룽겐의 반지〉의 그림들이 그려져 있다. 특히 루드비히 2세는 〈로엔그린〉에서 기사가 백조를 타고 날아가는 장면을 좋아해서 곳곳에 백조 장식을 빼놓지 않았다. 창 쪽 한 귀퉁이에는 루드비히 2세의 사촌누이 소피 샤를로트가 선물한 백조 모양의 화병이 놓여 있고, 방문 고리, 커튼, 벽화 등 곳곳에 백조 그림이 그려져 있다.

아이러니하게도 이 아름다운 노이슈반슈타인 성에서 루드비히 2세는 채 6개월을 살지 못했다. 더욱이 그가 사랑했던 오페라의 작곡가 바그너는 한 번도 방문하지 못했다. 그 주인공들이 아쉽게도 누리지 못했던 그 낭만을, 이제 퓌센을 향해 달려온

백조의 호수에서 일광욕을 즐기고 있는 현지인들.

전 세계의 여행자들이 대신 누리고 있다. 로만틱 가도의 꽃이며 동화 속에서 튀어나온 듯한 도시 퓌센. 그 수려한 자연 경관에 아름다운 고성, 그리고 루드비히 2세의 예술혼까지, 퓌센에서 여행자는 그저 행복하고 로맨틱해질 뿐이다. ¤

루드비히 2세가 사용했던 방 창문을 장식하고 있는 화려한 스테인드글라스.

호엔슈반가우 성은 바이에른 왕인 막시밀리안 2세가 1832~1836년에 네오고딕 양식으로 재건축한 성이다.

## 괴테의 애틋한 사랑을 간직한 도시, 독일 '하이델베르크'

EUROPE | 012 | GERMANY

고성에서 내려다본 하이델베르크의 전경. 도시 전경에서 중세의 멋이 고스란히 느껴진다.

앙상하게 외벽만 남아 있는 성 내부의 건축물

위 | '철학자 길'로 올라가는 중 만난 화가 아저씨. 작은 캔버스 안에 아름다운 하이델베르크를 열심히 담고 있다.
아래 | 하우푸트 거리에는 예쁜 레스토랑이나 카페들이 즐비하다.

젊음과 지성, 예술과 철학, 꿈과 낭만, 그리고 애틋한 사랑. 이 모든 단어가 함축되어 있는 도시 하이델베르크. 독일의 이 작은 도시엔 유독 젊은 여행자들이 많다. 아마도 독일 최고의 지성 괴테 때문이 아닐까. 괴테와 그의 연인 마리아네 폰 빌레마의 아름다운 사랑 이야기가 전해지는 도시가 바로 하이델베르크인 것이다. 1824년 마리아네 폰 빌레마는 괴테와 나눈 사랑의 감정을 고성 정원 내에 있는 허름한 담벼락에 적었다. "진정으로 사랑하고 사랑받은 나는 이곳에서 행복했노라."라고. 이 사랑의 낙서가 시공간을 초월하여 하이델베르크를 로맨스의 도시로 물들여 가고 있다.

하이델베르크는 천년의 역사를 가진 도시다. 1142년 쇠나우 수도원이 세워지고 보름스 성곽 주변에 작은 촌락이 형성되면서 도시의 역사는 시작됐다. 하이델베르크의 자랑 하이델베르크 대학이 생겨난 것은 1386년. 도시의 성장과 더불어 하이델베르크 대학은 영국의 옥스퍼드 캠브리지, 프랑스의 그르노블, 그리고 이탈리아의 파노바 등과 함께 유럽 최고의 명문 대학으로 성장했다. 괴테, 헤겔, 헤세, 야스퍼스, 베버, 슈만 등 이름만 들어도 알 만한 세계 최고의 철학가, 문학가, 예술가들이 거쳐 간 빛나는 역사를 자랑하고 있다.

하이델베르크라는 지명은 독일어로 '신성한 산'이라는 뜻을 지닌 '하일리겐베르크'에서 유래되었다. 하일리겐베르크는 하이델베르크 고성이 있는 네카어 강 언덕을 가리킨다. 이 언덕 위에 자리 잡은 하이델베르크 성은, 13세기경 이 일대를 통치하던 프와르츠 공에 의해 지어지기 시작했다고 한다. 성을 건축하는 데 꽤 오랜 시간이 걸린 탓에, 고딕, 르네상스, 바로크 양식 등 다양한 시대의 건축 양식이 혼재된 독특한 건축 양식을 가지게 되었다. 하이델베르크 성에 오르면 시내가 한눈에 내려다보이는데, 하이델베르크 특유의 주황색 지붕과 그 사이를 한 마리 용처럼 유유히 흐르는 네카어 강이 마치 한 장의 사진 같다.

오랜 역사만큼이나 하이델베르크 성에는 사연이 많다. 1622년 프리드리히 5세 때 30년 동안 벌어진 신구교 간의 종교전쟁으로 파괴된 후, 그의 동생인 칼 루드빅에 의해 다시 건축되었다. 그렇게 완성된 성은 1688년 성의 상속권 분쟁으로 프랑스와 전쟁을 치르면서 완전히 파괴된다. 이를 1756년 칼 데오도르 황제가 복원하려고 하였으나, 자연재해로 인한 화재가 발생하면서 계획이 취소되었다. 그래서 하이델베르크성은 현재 곳곳이 파괴된 모습으로 남겨져 있다.

그런가 하면 성 안에는 다채로운 볼거리도 많다. 앙상한 외벽만 남아 있긴 하지만 오토 하인리히 궁이 있고, 건물 벽면에 해시계가 걸려 있는 프리드리히 궁도 있다. 프리드리히 5세가 영국으로부터 데려온 아내 엘리자베스에게 하루만에 지어 선물했다는 엘리자베스의 문도 있다. 그리고 세계 최대의 술통으로 기네스북에 올라 있는 '그로세 파스'가 있다. 높이 8m에 22만 리터의 술을 담을 수 있는 이 술통은, 전쟁 중 성 안에 물이 부족할 것을 염려해 만들었다고 한다. 돈을 내긴 해야 하지만 와인 시음도 가능하고 시음에 사용한 유리잔을 기념품으로 받을 수도 있다.

언덕을 내려온 여행자의 발걸음은 구시가지 하우푸트 거리로 향한다. 하이델베르크 대학, 박물관, 그리고 오래된 선술집들이 오래 묵은 시간의 향기를 전한다. 특히 여름이면 학생들이 선사하는 멋진 연주와 오페라 공연을 즐길 수 있다. 그들의 진지한 공연을 보고 있노라면, 젊음의 도시가 무엇을 의미하는지 온몸으로 느낄 수 있다.

또 하나 여행자가 놓치지 말아야 할 곳이 있다. 바로 네카어 강 북쪽 언덕에 자리한 '철학자의 길'. 이곳은 하이델베르크 대학에서 교편을 잡았던 헤겔, 야스퍼스가 걸었던 길이다. 그들은 이 길 위에서 영혼의 자유를 얻어 갔다. 독일의 대문호 괴테도 바로 이 길을 걸으며 많은 작품을 구상하였다. 시간이 흘러 이제는 여행자들이 그 길을 걷는다. 그 길 위에서 네카어 강을 오르내리는 유람선과 산기슭에 자리 잡은 하이델베르크 성, 눈부시게 아름다운 마을 등을 감상한다. 그리고 괴테를 추억한다. 그의 애틋한 사랑을 추억한다. 호젓한 그 길을 걷고 있으니 그의 젊음과 아름다운 사랑이 마치 내 것인 양 가슴이 아려온다. ¤

비텔스바흐 왕가의 여름 별궁으로 사용되었던 님펜부르크 궁전은 루드비히 2세가 태어난 장소이기도 하다.

맥주 애호가들의 로망, 독일 '뮌헨'

EUROPE | 013 | GERMANY

맥주 하면 떠오르는 도시, 매년 10월이면 세계적인 맥주 축제 '옥토버페스트'가 열려 전 세계 맥주 애호가들의 가슴을 설레게 하는 도시. 그렇다. 바로 뮌헨이다. 독일인들의 맥주 사랑은 단연 세계 최고라고 할 수 있는데, 아랍 출신 외교관 이빈 화들란이 "독일인은 술이 아주 세고 뿔같이 생긴 잔을 들고 탁자 밑에서 술을 마시는 것이 마치 관습처럼 전해지고 있다."고 말했을 정도다. 고대 로마 역사가 타키루스도 "게르만인들은 갈증을 제일 못 참는다."는 표현으로 게르만족이 맥주를 얼마나 좋아하는지 간접적으로 설명했다.

독일이 사랑하는 맥주의 중심 고장이 뮌헨이다. 뮌헨은 바이에른주 최대의 도시이자, 베를린과 함부르크에 이어 독일에서 세 번째로 큰 도시에 해당한다. 하지만 경제력 면에서는 첫 번째요, 관광지로서도 하이델베르크와 함께 최고 순위를 자랑한다. 뮌헨은 상업 도시에서 출발했다. 1157년 바이에른 공작이던 하인리히가 오스트리아 잘츠부르크에서 이자르 강까지 시장을 개설할 권리를 수도사들에게 부여하였고, 그 시장 주변으로 성이 구축되었다. 이후 1255년 바이에른 공국을 계승한 비텔스바흐 왕조가 뮌헨을 도읍으로 삼으면서, 뮌헨은 비로소 바이에른의 주도로 자리매김하기 시작했다.

뮌헨은 과거 수도원이 있던 자리에 형성된 도시이다. 뮌헨이란 도시 이름도 '작은 수도사'를 의미하는 'Moch'와 '사랑스러운, 귀여운'을 의미하는 'chen'이 합쳐진 것이다. 하지만 이 고요한 이름을 가진 도시는 적지 않은 외세의 침입으로 오랜 기간 고난을 겪어야 했다. 17세기 30년전쟁 때는 스웨덴에, 18세기 에스파냐 계승 전쟁 때는 오스트리아에 점령당했다. 그리고 천 년 가까이 뮌헨을 지켜 온 비텔스바흐 왕조가 몰락하면서 20세기 초에는 좌익 정당의 거점 도시가 되기도 한다. 아돌프 히틀러는 이곳에서 1923년 뮌헨 폭동을 일으키는 한편, 그 해 11월 8일 호프브로이 하우스에 난입, 우익 정치 지도자들로 하여금 베를린혁명에 가담하겠다는 합의를 얻어 내기도 했다. 결국 히틀러가 일으킨 제2차 세계대전으로 인해 뮌헨은 66차례나 공중 폭격을 받아 건물들이 파괴되고 많은 사람들이 죽어야 했다.

뮌헨은 우리에게도 제법 친숙한 도시이다. 1972년 뮌헨 올림픽 개최지이자 호프브로이, 뢰벤브로이, 아우구스티너브로이 등 6개의 유명 맥주 회사가 있는 곳이기 때문이다. 또한 작가 전혜린 때문이기도 하다. 그녀는 『그리고 우리는 아무 말도 하지 않았다』라는 수필집에서 뮌헨을 이야기했다. 그녀는 1950년대 뮌헨 대학에서 공부를 하면서 뮌헨을 '드레스셔츠 단추를 푼 분위기'라고 표현했다. 그러면서 "뮌헨 맥주가 맛있는 이유는 뮌헨 사람들의 편견 없는 생각과 무조건적인 정다움 때문이 아닐까 생각한다."고 썼다. 불운했으며 자살로 생을 마감해야 했던 그녀였지만, 왠지 뮌헨에 대해서만큼은 따뜻한 애정과 긍정적 시선을 보이는 듯하다. 그건 아마도 독일 남부에서 느낄 수 있는 좋은 날씨와 특유의 넉넉함 때문이 아니었을까.

뮌헨에 대해 애정 어린 시선을 갖는 건 비단 전혜린만은 아니다. 그 시선은 뮌헨에 발걸음을 옮긴 여행자들의 것이기도 하다. 여느 유럽 도시들과 마찬가지로 미로처럼 얽힌 작은 골목들을 통과하고 나면 그 길 끝에서 마리엔 부르크 광장을 만난다. 과거에 뮌헨 시민들의 생활 기반이었고, 현재는 여행자들의 주요 무대인 마리엔 부르크 광장. 이 광장에는 네오고딕 양식으로 지어진 신시청사가 중심을 이루고 광장에서 뻗어 나가는 길들을 따라 뮌헨의 상징 프라우엔 교회와 독일 최초의 르네상스식 건축물 성 미카엘 교회가 들어서 있다. 그리고 그 사이로 이마에 맺힌 땀 한 줌 식히고 가라고 여행자를 유혹하는 카페와 레스토랑들이 즐비하다.

전혜린이 사랑했던 도시, 따사로운 햇살로 드레스셔츠 단추 몇 개쯤은 절로 풀게 만드는 느긋한 도시, 뮌헨. 그 도시의 한가운데 어느 이름 모를 카페에 앉아 거품 한가득 얹어진 시원한 맥주 한 잔을 들이켜 보는 건 어떨까. 맥주 한 모금의 청량함이 뮌헨 곳곳을 돌아보느라 노곤해진 여행자의 온몸을 시원하게 달래줄 것이다.

1867~1909년에 건축된 신 시청사는 네오고딕 양식으로 지어졌다.

프라우엔 교회의 쌍둥이 첨탑. 이 교회는 1488년 벽돌을 이용하여 고딕 양식으로 지어졌다.

폭이 700m가 넘을 정도로 큰 규모를 자랑하는 님펜부르크 궁전.

옥토버페스트로 유명한 뮌헨은 도시 곳곳에 크고 작은 맥주 가게가 들어서 있다.

## 이슬람 건축의 최고 걸작 알함브라 궁전, 스페인 '그라나다'
EUROPE | 014 | SPAIN

　　스페인 남부 안달루시아 지방은 지중해와 대서양을 사이에 둔 지리적 요충지이자, 연중 뜨거운 햇볕이 끊이질 않는 축복받은 땅이다. 그 비옥함 덕분에 안달루시아는 고대 페니키아에서부터 아랍인들까지 늘 주변 여러 민족들이 탐내던 땅이었다. 그 중에서 아랍인들은 안달루시아에 가장 풍요로운 문화를 남긴 민족이다. 아랍인들은 어디에서나 알라에 대한 숭고한 믿음을 표현하고 싶어 했고, 섬세하게 장식된 모스크를 비롯하여 많은 유산들을 남겼다. 안달루시아 지방이 유럽의 다른 지방들과 달리 독특한 분위기를 뽐내는 것도 모두 아랍인들이 남겨준 그 훌륭한 유산 때문이다.

　　그 중에서도 백미로 꼽히는 것이 바로 그라나다의 알함브라 궁전. 이 궁전은 인도의 타지마할과 함께 세계 1,2위를 다투는 아름다운 궁전으로, '이슬람 건축의 최고 걸작'이라고도 불린다. 높이 130m에 폭 182m로 규모는 그리 크지 않지만, 정교하게 다듬어진 대리석과 화려한 장식으로 보는 이로 하여금 감탄을 자아낸다. 19세기 초반 미국의 문학가이자 외교관이던 워싱턴 어빙은 저서 『알함브라 이야기』를 통해 "내가 궁전을 들어서는 순간 온몸에 전율이 느껴지고 마치 다른 시간, 다른 공간에 온 것처

이슬람 건축물 중 가장 아름다운 문양과 조각품을 가진 알함브라 궁전의 기둥.

이슬람 나스르 왕국의 열정이 느껴지는 알함브라 궁전.

럼 끊임없이 나를 다른 세계로 이끌고 있는 어떤 힘을 느꼈다."며 알함브라 궁전의 아름다움을 표현하였다.

　인도의 타지마할에 죽은 아내를 그리워하는 샤 자한의 슬픔이 담겨 있다면, 그라나다의 알람브라 궁전에는 무슬림의 마지막 군주 보압딜의 나라 잃은 슬픔이 담겨 있다. 1492년 가톨릭 군대가 그라나다로 진격해 왔을 때, 보압딜은 굴복의 입맞춤을 하고 성을 떠나야 했다. 그가 크게 저항하지 않고 그렇게 순순히 성을 떠났던 것은, 수십만 무슬림들의 재산권과 종교를 유지시켜준다는 조건 때문이었다. 하지만 그의 바람은 헛된 것이었다. 가톨릭 왕국은 보압딜을 쫓아내자마자 무슬림들에게 개종을 명했다. 그리고 그 명에 따르지 않는 자들은 죽임을 당하거나 추방을 당해야만 했다.

　슬픔의 역사를 간직한 알함브라 궁전은 사비카 언덕 위에서 여전히 찬란히 빛나고 있다. 알함브라 궁전으로 가기 위해선, 그라나다 시내의 중심가 누에바 광장에서 1km 가량 숨 가쁘게 고메레스 언덕길을 올라가야 한다. 알함브라 궁전은 크게 세 부분으로 나뉘는데, 붉은 성곽을 가진 알카사바와 알함브라 궁전, 그리고 '여름 별궁'이라 불리는 헤네랄리페라가 그것이다.

　알함브라 궁전에는 여러 개의 방이 있고 방마다 각기 다른 이름이 붙여져 있다. 방들은 서로 조금씩 다른 특색을 갖고 있지만 대체로 아라베스크 양식의 문양과 무늬로 장식되어 있어 외관이 아주 화려하다. 이슬람 건축은 종교적 특징 때문에 더욱 흥미롭다. 알라 이외의 신은 숭배하지 않는 이슬람의 엄격한 교리에 따라 벽면 장식은 식물과 기하학적 무늬만을 사용하였는데, 그것이 이슬람 특유의 신비감을 그려낸다. 또한 대리석 벽면 위에 새겨진 고대 이슬람의 코란은 문자를 넘어서 하나의 그림 같다.

　알함브라 궁전의 한가운데에는 아라비안나이트를 연상케 하는 정원 아라야네스가 있다. 생명의 근원 연못을 중심으로 양쪽으로 회양목이 세련되고 예쁘게 자리하고 있다. 연못의 물은 시에라네바다 산맥에서 흘러나온 물인데 일 년 내내 일정한 양으로 고정되어 있는 것이 신기하다. 더욱 놀라운 것은 높이 670m의 이 언덕 위에 위치한 이

위 | 헤네랄리페라 정원에는 사이프러스 나무로 둘러싸인 통로가 길게 뻗어있다. 이 정원은 그라나다 성주가 14세기 초에 여름 별장으로 만든 것이다. 아래 | 카를로스 5세의 궁전은 스페인의 번영기이던 16세기경 지어졌다.

분수가 인공 장치에 의해서가 아니라 자연 상태 그대로 만들어져 있다는 것이다. 그런가 하면 잔잔한 연못에 비친 궁전의 모습은 완벽한 대칭을 이루고 있다. 왜 훗날 인도의 샤 자한이 타지마할을 지을 때 이 궁전을 모델 삼았는지 이해가 된다.

이슬람 왕들의 여름 별궁으로 쓰였던 헤네랄리페라도 아름다운 이슬람 정원의 정수를 보여준다. 사각형의 정원수와 아치형 물줄기가 시원한 분수, 그리고 줄 지어 늘어선 작은 연못들은 아담하지만 잘 정돈된 아름다움을 보여준다. 사람 키를 훌쩍 넘긴 나무들 사이를 걷다 보면 마치 삼림욕을 하는 기분이 든다. 그러다 한껏 웅크리고 앉아 목을 축이고 있는 고양이라도 만날라치면, 마치 이상한 나라를 여행하고 있는 앨리스가 된 듯한 착각마저 든다. 그 신비로운 풍경 위로 기타 연주곡 〈알함브라 궁전의 추억〉이 흐르는 듯하다. ¤

알함브라 궁전에서 가장 아름다운 사자의 정원은 12마리의 사자 조각상과
124개의 대리석 기둥이 조화를 이루고 있다.

히랄다 탑을 비추는 오렌지 빛의 조명이 세비야의 밤을 더욱 매혹적으로 만든다.

돈 호세의 사랑과 집시의 방랑이 스며 있는 도시, 스페인 '세비야'

EUROPE | 015 | SPAIN

세비야 성당 뒤뜰에 있는 오렌지 정원. 과수원을 연상될 만큼 상큼한 오렌지 향이 가득하다.

이탈리아에서 옮겨 온 돌로 지어진 히랄다 탑.

"순박하고 착한 인성의 소유자 돈 호세는 붉은빛이 잘 어울리는 정열의 집시 여인 카르멘을 사랑하면서 인생의 운명은 돌이킬 수 없는 비극으로 곤두박질치기 시작한다. 시간이 지날수록 카르멘의 마음은 투우사에게 옮겨지고 이루지 못한 사랑을 안타까워한 호세는 단도로 그녀를 죽이게 된다." 1875년 오페라 작곡가 비제는 돈 호세의 슬픈 사랑 이야기를 〈카르멘〉에 담았다. 그 슬픈 사랑 이야기의 배경은 스페인 남부 안달루시아 지방의 세비야였다.

'히스팔리스'란 옛 이름을 가지고 있는 세비야는, 스페인에서 네 번째로 큰 도시이면서, 도시 전체가 하나의 예술 작품으로 평가받을 만큼 아름답고 화려하기로 명성이 자자한 도시이다. 세비야는 일찍이 청동기 문화를 가진 페니키아인들에 의해 도시의 기틀이 마련되었고, 3세기에는 로마, 5세기에는 카르타고, 그리고 8세기부터 13세기까지 무어인의 지배를 받으면서 성장하였다. 1492년에는 콜럼버스가 아메리카 대륙을 발견하기 위해 닻을 올린 곳이자, 그의 유해가 안치되어 있는 곳이기도 하다.

과달키비르 강을 따라 형성된 세바야의 옛 시가지 풍경은 시선이 닿는 곳마다 한 장의 엽서를 보는 듯하다. 태양 빛은 어찌나 눈부신지. 태양 아래 세비야에는 오렌지 향이 그득하다. 작은 도시에 심어진 오렌지 나무 가로수는 그 빛깔도 향기도 황홀하다.

로마 시대 카이사르 시저는 세비야를 두 번이나 방문했다. 도시의 아름다움 때문이란다. 이제는 여행객들이 그 뒤를 따르고 있다. 세계문화유산으로 지정된 대성당과 알카사르 궁전, 히랄다 탑 등 세비야엔 볼거리가 넘친다. 세비야는 711년부터 1248년까지 약 500년 동안 이슬람의 지배를 받았다. 이로 인해 다양한 건축 양식과 독특한 문화가 전해지는데, 12세기에 지어진 알카사르 궁전과 히랄다 탑은 이슬람 문화의 정수를 보여 준다. 그 독특한 볼거리를 즐기는 일은 카이사르도 누리지 못한 호사다.

세비야의 대성당은 로마의 성 피에트로와 런던의 세인트폴에 이어 세계에서 세 번째로 큰 성당이다. 콜럼버스의 심장이 묻혀 있는 곳으로도 유명하다. 이 대성당은 그리스도교의 우월성을 드러내기 위하여 기존에 있던 이슬람교 사원을 부수고 그 자리에 지은 성당이다. 1402년부터 지어지기 시작해 200년에 걸쳐 고딕 양식으로 지어졌다. 이 대성당은 폭이 116m에 이를 정도로 다른 성당에 비해 폭이 넓은 편인데, 원래 있던 이슬람 사원이 메카에 가까울수록 좋다는 이유로 넓게 지어졌던 때문이다. 성당 내부로 들어서면 스테인드글라스가 붉은 태양 빛을 힘껏 빨아들인다. 그렇게 빨아들인 태양 빛을 신비의 빛으로 바꾸어 성당 위에 뿌려 놓는다. 다채로운 색감 속에 성내부는 더욱 빛난다. 천장과 기둥에 새겨진 다양한 문양과 현란한 무늬들도 여행객들의 탄성을 자아낸다.

히랄다 탑은 세비야의 상징물이다. 12세기 이슬람교도들이 만든 것으로 높이가 97m에 달하기 때문에 시내 어디서든 볼 수 있기 때문이다. '돈다'와 '바람개비'의 뜻을 가진 히랄다 탑은 과거 이슬람 사원의 수장이 당나귀를 타고 올라갔을 정도로 경사가 완만하다. 첨탑으로 올라가는 중간 중간 창이 뚫려 있는데 이 창을 통해 드러나는 세비야의 시내 풍경은 여행객의 호기심을 자극한다. 그리고 마침내 28개의 종이 걸려 있는 첨탑에 오르면, 기막힌 풍경이 펼쳐진다. 눈부신 태양 아래 형형색색의 지붕들이 시원하게 펼쳐지고, 성당 지붕과 뾰족한 첨탑이 거기에 아름다움을 한껏 더 한다.

해가 저문다고 해서 여행객의 하루가 끝나는 것은 아니다. 궁전과 투우장, 그리고 여러 문화 유적지를 헤집고 다닌 덕에 몸이 무겁겠지만 그래도 여행객은 한 번 더 젖 먹던 힘을 내야 한다. 세비야의 밤의 열정을 느끼기 위해서다. 작은 레스토랑의 몇 평 되지 않는 좁은 무대 위에 붉은 조명이 쏟아진다. 그 조명의 한가운데에 요염한 자태로 무인舞人 하나가 호흡을 가다듬는다. 경쾌한 캐스터네츠 소리와 함께 무인이 움직이다. 놀라운 집중력과 뜨거운 열정으로 무인은 자유로운 춤을 선보인다. 플라멩고의 정열에 세비야의 이방인은 황홀경을 경험한다. ○

해가 지고 난 후 과달키비르 강을 물들이는 오렌지 빛의 네온사인.

세비야는 플라멩고의 도시다. 플라멩고에는 집시들의 삶에 대한 열정과 외로움이 녹아 있다.

## 스페인의 위대한 화가 고야를 만나러 가다, 스페인 '마드리드'

EUROPE | 016 | SPAIN

　마드리드에 가면 고야를 만날 수 있다. 스페인의 대표적인 낭만주의 화가이자 궁정화가였던 고야. 주관적 느낌과 대담한 붓 터치와 과감한 색감으로, 그는 늘 찬사와 혹평을 동시에 받았다. 하지만 콜레라와 고열로 청각을 잃으면서도 결코 그림을 포기하지 않았던 예술혼과 프랑스와 벌인 반도 전쟁 이후 그림 속에 표현한 민족의식은, 그를 스페인이 가장 사랑하는 화가로 만들었다. 바로 그 스페인의 화가를 마드리드에 가면 만날 수 있다.

　400여 년에 걸쳐 스페인의 정치·경제·문화 중심지 역할을 담당해 온 마드리드는 해발 646m에 위치한 고원 도시다. 인구로 따지면 유럽에서 네 번째로 큰 도시인 마드리드는, 10세기경 스페인의 수도였던 톨레도를 방어하기 위해 세워졌던 곳이다. 당시 '마헤리트'라 불리웠던 마드리드는 톨레도의 변방쯤으로 여겨졌다. 그러다가 1561년 펠리페 2세가 강대한 에스파냐 왕국을 다스릴 중앙정부를 건설할 요량으로 수도를 톨레도에서 마드리드로 옮기면서 수도의 역사는 시작된다.

　마드리드의 중심에는 '태양의 문'으로 불리는 푸에르타델솔 구시가지 광장이 있다.

스페인 도로의 기점을 의미하는 '0km'가 표시되어 있는 이 광장은, 프랑스의 개선문 주변처럼 10개의 도로가 방사선으로 뻗어 있다. 이 도로들은 여행자들을 각종 미술관과 레알 왕궁, 마요르 광장 등 마드리드의 명소들로 안내한다. 호텔, 레스토랑 등의 편의시설도 모두 이 도로 위에 있다. 중세의 고풍스러움과 우아함이 동시에 느껴지는 이 구시가지는, 카를로스 3세 때인 17, 18세기경에 주로 만들어졌다. 마드리드의 구시가지에서는 다른 유럽 도시에서는 느낄 수 없는 독특한 분위기가 있는데 그것은 바로 아랍 이슬람의 영향 때문이다.

유럽의 다른 도시들과 비교하여 마드리드가 가진 비교우위는 작렬하는 태양, 아랍 문화가 만들어낸 독특함 그리고 프라도 미술관에서 온다. 프랑스의 루브르 미술관, 이탈리아의 우피치 미술관과 함께 세계 3대 미술관으로 꼽히는, 스페인의 자랑 프라도 미술관. 그레코, 고야 그리고 천재 화가 파블로 피카소가 가장 존경했던 디에고 벨라스케스의 작품이 전시된 이 미술관은, 미술 애호가들의 로망이다. 유명한 작품으로는 그레코의 〈그리스도의 세례〉, 〈부활〉, 〈오순절〉, 벨라스케스의 〈바커스의 승리〉, 〈궁녀들〉 등이 있다.

그리고 고야의 그림이 있다. 프라도 미술관에서 만날 수 있는 고야의 대표작으로는 〈옷을 벗은 마야〉, 〈옷을 입은 마야〉와 〈1808년 5월 3일〉, 〈전쟁의 참화〉이다. 〈옷을 벗은 마야〉는 당시 여성의 누드화가 엄격하게 금지된 상황에서 나온 도발적인 그림이다. 게다가 어떤 비유도 신화적 연관성도 없이 현실의 여인을 대상으로 한 작품이었다. 이 그림은 세상에 소개되자마자 신성 모독 논란을 일으켰고, 급기야는 그림 위에 옷을 입히라는 명령을 받기에 이른다. 하지만 고야는 이 그림을 수정하는 대신 〈옷을 입은 마야〉라는 그림을 새로 그리면서 자신의 고집을 끝내 꺾지 않았다. 〈1808년 5월 3일〉과 〈전쟁의 참화〉는 전쟁의 참상을 재현하는 동시에 그의 민족의식을 드러낸 그림들이다. 특히 〈전쟁의 참화〉는 폭행과 살육과 광기가 섬뜩하게 그려진 82장의 흑백 판화 작품이다. 궁정화가로서 편안하고 무난한 삶을 살 수 있었음에도 불구하고, 자신만의 감성을 결코 숨기지 않고 자신만의 예술 세계를 구축한 고야. 그래서 고야는 후대에 이르러서야 더 사랑을 받는지도 모르겠다.

프라도 미술관에서 고야를 만나고 벨라스케스를 만난다. 푸에르타델솔 광장에서 뜨거운 태양 아래 빛나는 독특한 중세 도시를 만난다. 스페인의 수도 마드리드에서만 만날 수 있는 소중한 만남들. 그러한 만남이 기다리고 있기에 오늘도 여행자들은 마드리드로 거침없이 향한다. ¤

바로크 양식으로 지어진 레알 왕궁의 조각상.

펠리페 2세의 명령으로 만들어진 마요르 광장은 마드리드 시민들의 휴식처이자 예술의 무대이다.

봄날 축제 때 전통 의상을 입고 마요르 광장 주변을 걷고 있는 마드리드의 여인.

위 | 프라도 미술관의 대표작인 고야의 '옷 벗은 마야'
아래 | 옷 입은 마야

## '무데하르 양식'이 만들어내는 독특한 풍광, 스페인 '톨레도'

EUROPE | 017 | SPAIN

    스페인 마드리드에서 한 시간가량 떨어진 곳에 톨레도가 있다. 이 도시가 스페인 역사에서 수도가 되었던 적은 두 번이다. 바로 서고트족이 스페인 지역을 지배했을 때와 펠리페 2세가 지배했을 때다. 톨레도는 시간이 멈추어 버린 듯 중세의 원형을 그대로 간직하고 있어 당시의 영광이 살아나는 듯하다. 하지만 톨레도에 간직된 게 비단 중세의 원형만은 아니다. 16세기 서양 미술사에 큰 획을 그은 그레코의 예술적 자취도 톨레도에 깊게 남아 있다.

    그레코는 〈톨레도 풍경〉에서 도시의 하늘을 검은 회색으로 표현했다. 하지만 실제 톨레도의 하늘은 그렇지 않다. 맑고 눈부시게 푸르다. 그 하늘 아래로 타호 강이 삼면을 싸고 흐른다. 톨레도에 인간의 역사가 시작된 것은 기원전 2세기 로마인들에 의해서다. 그들은 이곳에 도시를 세우고 인류 역사에 빛나는 여러 문화 유적을 남겼다. 로마인의 뒤를 이어 서고트족과 아랍인들도 이 땅을 지배했다. 톨레도의 문화가 독특하고 이국적인 향취를 풍기는 것은 이렇게 여러 민족의 지배를 받았기 때문이다.

    또한 이곳은 종교적으로도 다양하게 지배를 받았다. 이슬람교, 그리스도교, 그리고 유대교까지. 도시의 독특한 풍광은 이 다양한 종교들이 만들었다 해도 과언이 아니다. 특히 무데하르 양식이 흥미롭다. 이슬람풍 그리스도교 건축 양식인 무데하르 양식은 13~16세기에 걸쳐 스페인에서만 발달한 아주 독특한 양식이다. 이는 800년 가까이 스페인을 지배한 이슬람 문화가 15세기 국토회복운동에 의해 점차 쇠퇴하고 그 자리를 그리스도교 문화에 넘겨주면서 형성된 것이다. 그래서 톨레도에는 외관상 로마네스크 혹은 고딕 양식의 건축물이 분명하지만 아라베스크 무늬와 말굽 모양 아치, 평면에 붙이는 타일 장식 등 화려한 이슬람풍 장식이 가미되어 있어 그 구분이 모호하게 느껴지기도 한다. 그 대표적인 건물로는 산티아고 데 알라바트 교회와 산토 토메로 종루 등이 있다. 이 양식은 훗날 스페인 최고 건축가 가우디에게 영향을 주었다고 한다.

　　톨레도 시내는 중세의 건축물이 가득하다. 중세 시대 스페인의 문화와 경제의 중심지였던 도시답다. 톨레도는 다른 중세 도시들에 비해 건물들이 높은 편인데, 과거 인구 밀도가 높았던 탓에 고층으로 쌓아 올린 게 아닌가 싶다. 시내에서 여행자의 발길이 가장 먼저 닿는 곳은 산토 토메로 교회. 이 교회는 교회 내벽을 장식한 그레코의 작품들로 유명하다. 특히 그의 대표작 〈오루가스 백작의 매장〉 앞에는 늘 그레코의 작품을 감상하는 여행자들로 북적인다.

　　그레코의 작품에 조금 더 흥미가 있다면 그레코의 집을 가 봐도 좋겠다. 이곳은 그가 실제 살았던 집은 아니지만 그가 살았을 당시의 풍경을 담아 중세풍으로 만들어졌다. 일종의 세트장이라고나 할까. 이곳에는 그레코의 역작들 〈톨레도의 전경과 그림〉, 〈베드로의 눈물〉 등이 전시되어 있다.

　　이 외에도 톨레도 알카사르와 톨레도 대성당은 주요 볼거리다. 알카사르는 무데하르 양식과 고딕 양식이 혼재되어 있는 건축물로 톨레도에서 가장 높은 언덕에 지어져 있다. 이 건축물은 로마 시대에 처음 지어진 이후 서고트족, 이슬람교도, 그리스도교 등에 의해 수없이 재건축되었다. 스페인 내전 당시 프랑코군의 모스카르도 대령이

스페인에서 가장 오래된 도시 중의 하나인 톨레도는 이베리아 족의 수도였을 당시 '카르페타니'라는 이름으로 불리다가 기원전 192년 로마에 식민시가 되면서 '톨레툼'이라는 이름을 얻었다.

가톨릭 문화와 아랍 문화가 어우러진 톨레도 구시가지.

톨레도 시민들과 동거동락을 같이 한 톨레도 대성당.

위 | 그리스 출신 엘 그레코는 톨레도에서 평생 머물며 주옥같은 성화를 그렸다.
아래 | 중세의 고풍스런 분위기 물씬 풍기는 구시가지.

공화파에 맞서 72일간 격렬히 저항하기도 했던 이곳은, 현재 군사 박물관으로 이용되고 있다.

톨레도 대성당은 약 250여 년에 걸쳐 지어진 프랑스 고딕 양식의 대성당이다. 길이 113m, 중앙 높이 45m에 이르는 이 거대한 성당은 현재 스페인 가톨릭의 본부 역할을 하고 있다. 프랑스 왕 생 루이가 기증한 '황금의 선서'가 있는 이곳은, 특히 대사원의 성기실을 개조해 만든 미술관에 그레코와 고야의 작품이 전시되어 있어 여행자들의 발길이 끊이지 않는다.

톨레도는 그리 크지 않은 도시다. 그래서 다리품을 조금만 팔면 도시 전체를 돌아볼 수 있다. 그러니 서두르지 말고 그 어디에서보다 더 느긋하게 더 여유롭게 도시를 돌아보자. 산책하는 심정으로 말이다. ▫

아드리아 해안 도로의 끝에 걸린 중세 도시, 몬테네그로 '코토르'
EUROPE Tour 8  MONTENEGRO

세계문화유산으로 지정된 코토르 구시가지는 아드리아 해와 튼튼한 성벽으로 둘러싸여 있다.

800km에 이르는 아드리아 해안 도로는 유럽에서도 최고로 꼽히는 해안 도로다. 슬로베니아 북부의 이스트리아 반도에서 알바니아까지 이어지는 이 도로는, 길 왼편으로 디나르 알프스 산맥이 서에서 동으로 흐르고, 오른편으로 파란 하늘을 닮은 아드리아 해가 펼쳐진다. 슬로베니아 피란에서 시작된 아드리아 해안도로의 기나긴 여정은 몬테네그로의 코토르에서 그 대미를 장식하게 된다. 연평균 기온이 18도, 일조량만 2,600시간이 넘는 코토르는, 일 년 중 5~6개월 이상 수영을 즐길 수 있어서 휴양지로 각광받고 있다.

　싱그러운 녹음과 화사한 꽃이 유혹하는 봄에도, 1,749m의 로프첸 봉우리에 쌓여 있던 눈이 녹아 내려 시원하게 흐르는 여름에도, 그리고 낮은 구름이 부슬부슬 비를 뿌리는 가을에도, 코토르는 아름답다. 하지만 코토르의 최고 경치를 꼽으라면 겨울이다. 산마루에 내려앉은 하얀 눈이 파란 아드리아 해에 비춰지는 모습은 그야말로 절경이다. 코토르가 간직한 풍경은 평화롭고 아름답기 그지없지만, 그 역사는 그렇지가 못했다. 코토르는 기원전 3세기 무렵부터 수세기 동안 로마의 지배를 받았다. 로마인들은 처음에 코토르가 아닌 주변의 리산이란 곳에 작은 도시를 형성했다고 한다. 그러나 이민족들의 침입과 노략질이 잦아지자 좀 더 안전하고 기후가 좋은 곳을 찾아 코토르 만에 정착해 새로운 도시를 건설했다. 이후 상업과 예술의 중심지로 발전한 코토르는, 하지만 안타깝게도 여전히 주변국들의 많은 침략을 받아야 했다. 10세기에는 베네치아 공국의 속국이 되었고, 11세기 중엽에는 슬라브족의 지배를 받았으며, 12세기에는 다시 비잔틴 제국에 점령당했다. 이후 오스만튀르크 그리고 이탈리아의 점령을 거쳐, 1945년 유고슬라비아공화국으로 편입되어 오늘에 이른다.

　소란스런 역사를 거쳤지만 코토르는 잘 보존된 중세 도시로 인정받아 세계문화유산으로 지정되었다. 특히 로프첸 산마루에는 천 년이 넘은 성벽이 그대로 남아 있다. 모진 풍파를 견디고 늠름하게 서 있는 천 년 묵은 성의 담벼락에서는 세월의 깊이가 느껴진다. 로프첸 산마루와 성벽이 마치 마을의 수호신처럼 버티고 서 있어 든든하다.

성문을 통해 마을에 첫발을 디디면 17세기에 지어진 시계탑이 제일 먼저 눈에 들어온다. 그 다음은 작은 성당들. 슬로베니아 사람들의 85%가 가톨릭을 믿기 때문인지 이 작은 마을에는 유구한 역사를 자랑하는 성당이 많다. 그 중에서도 성 트라이폰 성당은 최고의 찬사가 아깝지 않을 만큼 우수한 건축 기술을 보여준다. 그뿐이 아니다. 프레스코화가 그려져 있는 성 루크 성당, 세르비아 건축의 백미로 꼽히는 데카니 수도원, 로마네스크와 비잔틴 양식이 절묘하게 조합된 세인트 마틴 교회와 세인폴 교회 등도 코토르가 자랑하는 성당이다. 신의 은총이 가득해서인지 다들 하나 같이 아름답다. 코토르는 늘 사람들로 북적인다. 상주인구는 3만에 불과하지만, 그 인구를 훌쩍 뛰어넘는 많은 수의 관광객들이 코토르를 채우기 때문이다. 하지만 관광객들은 이 코토르에서 오래 머물기보다는 이틀 정도, 혹은 주변 도시 두브로브니크에서 당일치기로 왔다가는 정도로 아주 짧은 시간만을 보낸다. 어떤 일정이든 좋다. 하지만 이왕 코토르에 왔다면 코토르에서 바르로 이어지는 길만큼은 달려 봐야 한다. 그 길이 진정한 바닷길이기 때문이다. 20인승의 작은 미니버스를 타고 달리며 아드리아 해의 멋진 풍경을 보고 있노라면, 비좁은 좌석의 불편함은 온데간데없이 사라지고 평생 잊지 못할 아드리아 해만이 가슴속에 남는다.

위 | 깎아지른 절벽 아래 따리를 튼 코토르는 몬테네그로에서 가장 아름다운 도시이다.
아래 | 사이프러스 나무와 붉은 지붕이 어우러진 코토르 구시가지.

위 | 구시가지로 들어가는 입구. 세월의 향기가 느껴진다.
아래 | 성벽 입구에서 바라본 구시가지는 그리 화려하지는 않지만 기품이 있다.

## 릴케와 버나드 쇼가 반한 '아드리아 해의 보석', 크로아티아 '두브로브니크'

EUROPE | 019 | CROATIA

늘 보헤미안을 꿈꿨던 릴케. 그는 연인 루 안드레아스 살로메와 함께 유럽의 여러 나라를 여행했다. 그러던 중 크로아티아의 두브로브니크에 도착, 그 매력에 빠지면서 몇 달을 머물렀다. 그리고 시를 썼다. 그리고 두브로브니크를 '아드리아 해의 보석'이라 말했다. 바람처럼 혹은 구름처럼 거침없는 여행을 하던 연인들을 오래도록 붙잡아 두었던 도시의 매력은 무엇이었을까.

두브로브니크는 슬라브어로 '참나무 숲'을 뜻하는 '두브라바'라는 말에서 유래했다. 지금은 두브로브니크의 성벽 주변으로 집들이 빼곡하게 들어서 있지만 과거에는 이곳이 참나무로 덮여 있었기 때문이다. 그런가 하면 중세 이전에는 '절벽'을 뜻하는 '라구사'라고 불렸단다. 가파른 돌산을 따라 도시가 형성되었기 때문이다. 지금도 두브로브니크에는 깎아지른 절벽을 따라 집과 건물들이 계단식으로 들어서 있다. 이 도시는 지리적 이점을 적극 활용, 무역 도시로서 오랜 기간 이름을 날렸다. 7세기경에는 이탈리아의 베네치아와 경쟁을 할 정도였다.

두브로브니크는 철옹성 같은 성벽에 의해 완벽하게 둘러싸여 있다. 높이 15m,

두께 6m, 그리고 총 둘레가 2km에 달하는 성벽은 세 면이 바다와 면하고 있고, 나머지 한 면만이 육지와 연결되어 있다. 이 철옹성 안으로 들어가는 입구는 단 3개뿐이다. 그 외에는 어떤 방법으로도 들어갈 수 없을 만큼 견고하게 지어진 성벽이 마을을 보호하고 있다. 현재 이 성곽 안에는 4,000여 명의 사람들이 살고 있는데 자동차는 한 대도 다니지 않는다고 한다. 중심 대로에는 여러 종류의 상가가 들어서 있고 그 뒤로 일반 집들이 배치되어 있다. 그 구조가 꼭 이탈리아의 폼페이 같다.

이곳의 건물들은 대부분 대리석과 돌로 지어져 있다. 하지만 처음부터 모든 건축물이 돌로 지어진 것은 아니었다. 초기 이주자들은 풍부한 목재 자원을 석재와 적절히 섞어 건물을 쌓아 올렸다. 하지만 1520년부터 1667년에 걸친 수차례의 지진으로 많은 건축물이 파손된 이후, 두브로브니크는 지진으로부터 건물을 보호하고 또 외부의 침략에 대비하기 위하여 모든 건물을 석재로 짓게끔 엄격히 규제하고 있다.

성곽 서쪽의 필레 게이트를 통해 성 안으로 들어가면 이 도시에서 가장 넓고 긴 플라차 거리와 연결된다. 중심부 역할을 하는 이 거리를 따라 로마 스타일의 건축물들이 즐비하다. 이 건축물들은 대체로 400년 정도의 비교적 짧은 역사를 가지고 있다. 지진 이후 무너졌던 건물을 재건축한 것이기 때문이다. 하지만 중세의 고풍스러움을 느끼기에는 한치도 모자람이 없다.

구시가지는 1994년 유네스코 세계문화유산으로 지정되었다. 15세기 중반 나폴리 출신의 건축가가 지은 렉터 궁전, 고대 필사본과 장서를 가장 많이 보유하고 있는 프란체스코 수도원, 이탈리아 건축학자 버팔리니의 설계로 1713년 완공된 두브로브니크 대성당 등 고대에서부터 중세까지의 다양한 건축물이 모두 이곳에 모여 있기 때문이다.

영국의 극작가 버나드 쇼는 "세계에서 지상 낙원을 찾는다면 두브로브니크에 가서 중세의 거리를 걸어보라."고 말하며 이 도시에 대해 극찬을 했다. 릴케도 사랑하는 연인과 머무르며 여러 편의 시를 남겼다. 릴케와 버나드 쇼가 칭찬을 아끼지 않았

두브로브니크의 지붕들은 온통 오렌지 빛이다. 두브로브니크는 1991년 세르비아의 폭격으로 파괴되었다가 시민들의 힘으로 재건되어 현재의 모습을 갖추게 되었다.

위 | 플라차 거리에서 따뜻한 햇살 아래 즐거운 시간을 보내고 있는 사람들.
아래 | 아침 햇살이 내려앉은 두브로브니크 구시가지. 가운데 건물이 대성당이다.

위 왼쪽 | 플라차 거리에서 한가롭게 책을 읽으며 남자 친구를 기다리는 여인. 위 오른쪽 | 성 벽에서 내려다 본 플라차 거리
아래 왼쪽 | 골목길에서 데이트를 즐기고 있는 연인들 아래 오른쪽 | 플라차 거리 뒷골목의 아름다운 카페들.

두브로브니크는 비탈을 따라 도시가 형성되어 있어서 구시가지에 들어가려면 수십 개의 계단을 걸어야 한다.

던 아름다운 도시, 연인의 발길을 붙잡을 만큼 매력적인 도시, 두브로브니크. 그 아름다운 도시에서 여행자들은 '아드리아 해의 보석'이 무엇인지 어렵지 않게 찾을 수 있을 것이다. ¤

# 로마 건축의 미학에 취하다, 크로아티아 '스플릿'

EUROPE | 020 | CROATIA

 이탈리아 베네치아로부터 발칸 반도까지 800km로 이어지는 아드리아 해는 유럽인들이 가장 좋아하는 바다이다. 특히 슬로베니아의 피란, 크로아티아의 스플릿과 두브로브니크, 몬테네그로의 코토르 등은 일 년 내내 인기 높은 해변 휴양지이다. 여름은 고온 건조한 기후 덕에 바다를 즐기기에 더할 나위 없이 좋고, 겨울은 온난한 기후 덕에 추위에서 벗어나고픈 유럽인의 따뜻한 휴식처가 되기 때문이다. 그 중에서도 스플릿은 단연 최고다. 모자람 없는 날씨와 바다도 그러하지만, 고대 로마 유적을 간직한 천년 고도의 아름다움은 다른 도시가 따라올 수가 없다.
 스플릿은 크로아티아에서 두 번째로 큰 도시다. 아드리아 해안에서는 가장 큰 도시이기도 하다. 스플릿의 해변에는 지금으로부터 무려 1,700여 년 전에 만들어진 로마 시대의 궁전과 고택들이 늘어서 있다. 로마 제국의 역사가 고스란히 담긴, 로마 건축의 미학을 맘껏 감상할 수 있는 도시가 바로 스플릿이다. 스플릿을 거니노라면 왜 디오클레시아누스 황제가 이곳에 궁전을 짓고 마지막 여생을 보냈는지 충분히 이해가 된다.

스플릿의 구시가지에 들어서면 로마 시대의 화려함과 세련됨이 그대로 느껴진다. 가마니만한 커다란 대리석이 알알이 박힌 구시가지 거리에는, 파란 하늘을 향해 늠름하게 솟은 궁전의 종탑, 돌을 마치 나무 다르듯 자유자재로 활용한 궁전, 그리고 고풍스러운 고택들이 있다.

스플릿을 유네스코 세계문화유산으로 만든 일등 공신은 바로 디오클레시아누스 황제다. 막강한 부와 권력을 가졌던 그는 이곳에서 여생을 보냈다. 일 년 내내 보드라운 햇살이 내리쬐는 탁월한 기후 조건과 로마에 비해 번잡스럽지 않았던 도시 분위기 때문이다. 그는 이곳에서 여생을 보내면서 예술성이 뛰어난 건축물들을 만들어 놓았다. 디오클레티안 궁전과 옥타고나 종탑 그리고 도시를 감싸고 있는 성벽은 그 대표적 예이다.

디오클레티안 궁전은 모진 세월의 풍파를 견뎌온 스플릿의 상징이다. 아드리아해 연안에 남아 있는 최대 로마 유적지로서 이 궁전은, 초호화 궁전의 모습을 자랑한다. 스플릿 주변의 섬들에서 채취한 석회함과 이탈리아와 그리스에서 수입한 대리석으로 지어졌기 때문이다. 295년부터 305년까지 10여 년에 걸쳐 지어진 이 궁전에서, 디오클레시아누스 황제는 콘스탄티누스 대제에게 왕위를 물려준 뒤부터 11년간 지내다 여생을 마쳤다.

스플릿성의 옥타고나 종탑은 스플릿 여행의 백미다. 60m 높이의 이 종탑에 오르기 위해서는 183개의 계단을 올라야 하는데, 그 고행을 마치고 나면 선물처럼 눈앞에 스플릿의 전경이 시원하게 펼쳐진다. 과거에 황제가 거처하던 성스러운 공간 옥타고나는 현재 교회로 바뀌었다. 그리고 여전히 스플릿 사람들에게 정신적 성소 역할을 하고 있다. 1991년 내전이 발발했을 때, 교황이 두 번이나 이곳에 와 '인종전쟁'을 끝나게 해달라고 기도했을 정도다. 발하자 교황이 두 번이나 이곳에 와서 '인종전쟁'을 끝나게 해달라고 기도했다니 그럴 만도 하다. ✡

세계문화유산으로 지정된 디오클레티아누스 궁전의 황홀한 모습.

디오클레티아누스 황제가 노년을 보냈던 스플릿 구시가지 전경.

위 | 마르얀 언덕에 있는 교회 종탑.
아래 | 세계문화유산으로 지정된 구시가지는 다양한 시대의 건축물들이 위치하고 있어 마치 야외 박물관 같다.

오랜 세월로 구시가지 성벽 입구는 많이 낡았지만 여전히 로마인의 숨결이 느껴진다.

## 타르티니 바이올린 선율이 흐르는 아드리아 해의 보석, 슬로베니아 '피란'

EUROPE | 021 | SLOVENIA

　　　　　바이올린의 명장 쥬세페 타르티니의 고향, 피란. 피란은 일 년 내내 타르티니의 바이올린 소나타가 끊이지 않는 것으로도 모자라, 매년 8월이면 한여름 밤의 음악 축제가 열리는 진정한 음악의 도시다. 덕분에 과거 베네치아 공국에 속해 있던 작은 항구 도시가 이제는 슬로베니아의 대표적인 휴양 도시가 되었다.

　　이스트리아 반도 끝에 위치한 피란에 대한 고대 시대의 문헌자료는 거의 없다. 그래서 언제부터 이곳에서 사람들이 살기 시작했는지는 알 수 없다. 다만 고대사를 연구하는 학자들에 의해 켈트족에 의해 형성된 도시라는 것만 알려져 있다. 그들의 주장에 따르면 피란이라는 도시명이 '언덕 위에 세워진 도시'란 의미의 켈트어에서 왔다고 한다. 그런가 하면 일부 다른 학자들은 피란이 그리스어의 '불'을 의미하는 '피르'에서 유래되었기 때문에 그리스의 식민지 중 하나였을 거라고도 주장한다. 그 기원은 여전히 미스테리이지만 아드리아 해의 주변 도시들의 역사로 미루어 볼 때, 로마 후손들에 의해 본격적으로 도시다운 면모를 갖추며 발전했을 거라는 점은 쉽게 짐작할 수가 있다.

피란의 여행은 환상적인 바이올린 선율을 빚어낸 타르티니 동상이 있는 광장에서 시작된다. 타르티니 동상 주변에는 시의 업무를 관장하는 시청사, 베네치아풍의 건축물, 타르티니가 태어나고 자란 집 등이 들어서 있다. 사실 피란에서 볼거리를 찾아 헤매는 것은 무의미하다. 다양한 볼거리를 찾는 대신 골목길을 거닐며 조용히 쉬었다 가는 것이 피란을 제대로 보는 여행법이다. 무작정 길을 나서서 이곳저곳을 헤매다 마주치는 건물들과 건물에 새겨진 문양 그리고 로마식 조각상들에서 자연스레 피란의 역사와 문화를 느낄 수가 있다.

　좁은 골목길이 답답하게 느껴질 즈음, 성곽이 있는 언덕에 올라 아드리아 해의 바람을 맞는 것도 좋다. 이 언덕에는 도시에서 가장 큰 조지 교회가 있어 여행자들이 반드시 찾는 곳이기도 하다. 12세기에 지어진 교회는 도시의 인구 증가로 14세기경 바로크 양식으로 증축되었다. 외부는 매우 단순하게 지어졌지만, 실내는 화려하기 그지없다. 과거 부유했던 도시임을 증명이라도 하려는 듯 성화와 스테인드글라스는 화려하고 다른 장식들 역시 상당히 고급스럽고 우아하다. 특히 피란의 수호신 성 조지가 갑옷을 입고 말을 타고 있는 모습의 은 장식품은 그 섬세함이 놀라울 정도다. 교회 뒤편으로 가면 깎아지른 절벽이 나온다. 그 아래로 아드리아 해가 막힘없이 펼쳐져 가슴이 탁 트인다.

　피란의 좁은 골목길은 언제나 아드리아 해와 작은 포구로 이어진다. 이미 중세 시대에 소금 수출을 위해 항구가 발달했던 도시인만큼 피란의 항구는 늘 부산하다. 그물을 손질하는 어부, 출항을 준비하는 어부, 요트를 타고 아드리아 해의 바람을 맞으려는 관광객들이 항구에 생명력을 불어 넣는다. 피란의 루카 포구에서 프레세르노보 나브레제 해안도로를 따라 서북쪽으로 이동하면 아담하고 예쁜 음식점과 카페와 호텔들이 해안을 따라 늘어서 있다. 그 사이로 다이빙 전문샵이 눈에 띈다. 피란의 해안은 수심이 깊지 않고 해류의 속도가 빠르지 않아 잠수하기에 좋기 때문에 이탈리아나 인근 지역의 다이버들에게 인기 만점이란다.

짙푸른 아드리아 해를 끼고 있는 피란은 슬로베니아가 숨겨 놓은 보석이다.

위 | 구시가지 좁은 골목길에 들어서면 작은 광장들이 나온다. 광장 주변에는 이탈리아 양식의 조각상들이 많다.
아래 | 지중해 풍의 창문과 로마 양식의 조각상이 세월의 깊이를 느끼게 한다.

위 | 피란은 베네치아 공국의 지배를 받은 역사 때문에 도시 전체에서 이탈리아 풍의 이미지가 풍긴다.
아래 | 18세기에 세워진 분수대와 프르보마즈키 광장.

노을이 질 때쯤이면 피란의 아름다움은 극대화된다. 수평선 위로 붉은 태양이 걸리면 거리의 집은 온통 붉은 색으로 변한다. 붉게 변해가는 바다 위에는 요트들이 파도가 일렁이는 대로 춤을 춘다. 흔들리는 모양이 마치 타르티니가 만들어내는 선율처럼 우아하고 아름답다. 30분도 채 되지 않는 짧은 황혼이 지나가고 나면 파도 소리가 도시를 삼킨다. 눈을 감고 파도 소리에 귀를 기울이면 희미하게 타르티니의 선율이 울려 퍼지는 듯하다. 그의 음악을 듣고 있노라면 타르티니가 꿈에서 만났다던 악마와 우리의 영혼을 두고 거래를 하게 되는 건 아닐까 하는 상상을 하게 된다. 우리의 영혼을 악마에게 주고 나면 악마는 소원 하나를 들어줄 것이다. 단 하나의 소원을 말해야 한다면, 우리는 과연 무엇을 말해야 할까? ¤

위 | '작은 베네치아'로 불리는 피란의 전경.
아래 | 아드리아 해를 바라보며 여행의 피로를 풀고 있는 여행자들.

다뉴브 강을 따라 흐르는 리스트 프란츠의 아름다운 선율, 헝가리 '부다페스트'
EUROPE | 022 | HUNGARY

부다 왕궁에서 내려다본 부다페스트 시내 전경. 부다페스트에는 다뉴브 강을 중심으로 왼쪽에 부다 지구, 그 맞은편에 페스트 지구가 있다.

위 | 부다페스트의 다뉴브 강과 국회의사당 건물.
아래 | 부다 왕궁 주변의 한 노천카페에서 이야기꽃을 피우고 있는 연인들의 모습.

'다뉴브의 진주', '동유럽의 파리'라고 불릴 정도로 예술적 향기가 가득한 헝가리의 수도, 부다페스트. 인구 220만의 이 작은 수도는 리스트 프란츠의 부드러운 피아노 선율처럼 로맨틱한 도시다. 중세의 멋이 한껏 살아 있는 도시를 아름다운 다뉴브 강이 가로지르고, 그 위로는 영원히 파랗기만 할 듯 맑은 하늘이 펼쳐져 있다. 고색창연한 중세 건물들을 뒤로 하고 노란 전차가 달리고, 어느 노부부는 강변 벤치에 앉아 조용히 서로의 어깨를 기댄다. 유람선은 다뉴브 강 위를 부드럽게 미끄러져 나간다. 그렇게 부다페스트는 아름답고 평화롭고 로맨틱하다.

부다페스트는 다뉴브 강을 중심으로 서쪽 부다 지구와 동쪽 페스트 지구로 나뉜다. 아름다운 다뉴브 강을 내려다보고 있는 부다 지구는 13세기 이래로 헝가리 왕들이 거주했던 부다 왕궁과 시민들의 정신적 지주였던 마차시 교회를 비롯한 많은 역사적 유물이 있는 곳이다. 강 건너편에 위치한 페스트 지구는 중세 시대 때부터 상업과 예술이 발전한 곳이다. 서로 판이하게 다른 성격을 가진 이 두 지구는 사실 하나의 도시가 아니었다. 서로 각기 성장하다가 1848년 란치드 다리가 놓이면서 하나의 지역으로 통합되는 발판을 마련하였고, 1873년에 이르러서야 세체니 이스트반 백작에 의해 한 도시로 탄생한 것이다.

부다 지구는 중세 시대 헝가리를 대표하는 수도였다. 덕분에 헝가리의 역대 왕들이 거주했던 왕궁과 귀족들이 머물렀던 화려한 가옥과 수백 년이 넘은 중세 건축물들이 가득하다. 높이 60m에 길이 1.5km의 부다 왕궁은 바로크 양식으로 지어져 기품도 있지만, 다뉴브 강과 부다페스트 시내를 조망할 수 있어 여행자들에게 가장 인기가 많은 곳이다. 부다 지구의 마차시 교회는 이슬람의 아잔이 150여 년이나 울려 퍼졌던 교회. 13세기 때부터 건축되기 시작하여 15세기에야 완성된 고딕 양식의 이 교회는, 역대 헝가리 왕 대관식이 행해졌다는 이유로 '대관 교회'란 별칭도 갖고 있다. 또한 다뉴브 강을 굽어볼 수 있는 어부의 요새도 부다 지구의 빼놓을 수 없는 명소다.

부다 지구가 왕궁을 비롯한 고풍스러운 건축물로 여행자의 눈과 마음을 사로잡는다면, 페스트 지구는 예술의 향기로 여행자의 발길을 붙잡는다. 다양한 미술관과 박물관과 공연장이 많이 몰려 있는 까닭이다. 300여 개의 크고 작은 관현악단이 일 년 내내 수준 높은 공연을 선보이는 페스트 지구는 클래식의 고향이란 표현이 전혀 아깝지 않을 정도다.

헝가리가 합스부르크가의 지배를 받는 150여 년 동안 부다페스트는 동유럽에서 빈 다음으로 인정받는 클래식의 메카가 되었다. 그런 음악적 토대를 마련한 사람이 바로 피아노 천재 리스트 프란츠다. 헝가리 음악을 대표하는 그는, 말년에 부다페스트에서 음악학교를 세우고 후진양성에 힘을 기울였다. 당시 그가 머물렀던 집은 현재 박물관으로 개조되어, 그가 생전에 사용하던 악기와 가구, 초상화 등을 전시하고 있다.

부다 지구와 페스트 지구를 오가며 여행자는 중세의 건축물과 예술의 향기 속에서 황홀한 시간을 보낼 수 있다. 리스트 프란츠의 아름다운 선율이 흐르는, 그리고 다뉴브 강이 부드럽게 휘돌아 나가는 부다페스트. 역시 동유럽의 파리답다. ¤

다뉴브 강 위의 '세체니 란츠히드' 현수교는 1849년 영국인 클라크 앰덤에 의해 건축되었다.

바이다 후냐드 성의 조각상들.

다뉴브 강을 끼고 달리는 전차.

# 백탑白塔의 도시에서 카프카를 만나다, 체코 '프라하'

EUROPE | 023 | CZECH

'백탑白塔의 도시'이자 '유럽의 음악원'으로 불리며 동유럽에서 가장 아름답고 낭만이 넘치는 도시로 꼽히는 프라하. 프랑스의 화가 로댕은 프라하를 가리켜 '북쪽의 로마'라 했으며, 프란츠 카프카는 '자신의 어머니'라고 불렀다. 오스트리아·헝가리 제국 시절 빈과 부다페스트에 이어 세 번째로 큰 도시였던 프라하는 프란츠 카프카, 카사노바, 모차르트 등 한 시대를 풍미한 예술가들의 예술적 고뇌와 사랑이 스며있는 곳이다.

프라하는 체코 중서부 블타바 강과 라베 강이 만나는 프라하 분지에 위치한 도시다. 기원전 4,000년경 켈트족이 삶의 뿌리를 내리기 시작한 뒤, 9세기 말 보헤미아 왕국의 수도가 되어 현재에 이르고 있다. 14세기 카렐 4세가 신성로마제국의 황제에 오르면서 최고의 전성기를 맞았던 프라하에는, 고딕 양식과 로마네스크 양식과 바로크 양식이 어우러져 도시 전체가 중세의 아름다움을 표현하고 있다.

중세의 고풍스러움이 묻어나는 구시가지 광장은 프라하 여행의 출발점이다. 11세기에 형성된 구시가 광장 주변으로는 프라하의 상징 틴 성당과 구시청사, 바로크 양식의 성 미쿨라셰 성당, 로코코 양식의 골드스킨스키 궁전 등이 들어서 있다. 워낙 다양한 양식의 건축물들로 둘러싸인 덕분에 흡사 건축 박물관을 둘러보는 느낌마저 든다. 그 중에서도 여행자들의 눈길을 단번에 잡아끄는 것이 있으니, 구시청사에 설치된 화려한 천문시계다. 특히 매시 정각이 되면 여행자들은 자석에 이끌리는 클립처럼 구시청사 앞으로 모여 드는데, 바로 시계 위 창문으로 모습을 드러내는 12사도들의 행진을 보기 위해서다.

천문시계탑 전망대에 오르면 프라하 구시가지와 볼타바 강, 프라하 성과 프라하에서 가장 아름다운 카를교가 파노라마처럼 펼쳐진다. 프라하에 '백탑의 도시'란 애칭을 안겨준 프라하 성은 강변 위로 우뚝 솟아 있다. 밤이면 조명을 받아 새하얗게 변하는 프라하 성은 프라하의 자랑이다. 카를교는 낭만이 넘치는 다리이다. 하나하나가 예술품이라 할 만한 섬세한 장식들과 그 위에 묻어나는 세월의 검은 때, 그리고 그 다리 위에서 펼쳐지는 젊은 예술가들의 퍼포먼스는 카를교에 낭만을 더한다.

카프카의 흔적을 따라 프라하를 여행하는 건 또 다른 즐거움이다. 카프카는 프라하에서 나고 자랐다. 그래서 도시 곳곳에서 그를 만날 수 있다. 우선 카를교 근처에는 카프카 박물관이 있다. 프라하에서 입장료가 가장 비싼 이 박물관에는, 카프카가 사랑했던 여인 밀레나에게 쓴 편지를 비롯하여 다양한 책과 사진들이 전시되어 있다. 구시가지 광장에는 카프카가 평생 지인 막스 브로트를 만났던 틴 교회가 있고, 프라하 성 근처에는 그가 공부했던 프라하 대학도 있다. 프라하 성 뒷골목의 황금 소로도 카프카의 팬들에게는 놓칠 수 없는 장소다. 16세기에 지어진 집들이 빼곡 들어 찬 이 좁은 골목에는, 파란 파스텔 톤 페인트로 칠해진 22번지가 있다. 실제로 그의 누이동생이 살았던 집이자 그가 『성』이란 작품을 썼던 곳이다. 지금은 선물 가게로 변해 버렸지만, 작은 집안을 둘러보면 인간의 실존을 고뇌하면서 폐병으로 죽어 간 카프카의 모습이 아른거린다.

프라하에는 비단 카프카의 향기만 남아 있는 게 아니다. 프라하 대학에서 영화

카를교는 블타바 강 위에 놓인 다리 중 가장 오랜 역사를 자랑한다. 현재는 자동차는 다닐 수 없고 보행자만 건널 수 있다. 석양이 질 무렵 붉은 태양과 카를교와 프라하 성이 만들어내는 도시 풍경이 아름답다.

프라하 성으로 올라가는 골목길에 위치한 노천카페.

모차르트의 오페라 〈돈 지오바니〉가 초연된 곳이 프라하이다.
그래서 프라하의 카페와 레스토랑에는 일 년 내내 모차르트의 음악이 울려 퍼진다.

를 공부한 시인이자 소설가인 밀란 쿤데라와 교향시의 아버지 드보르 작도 이곳을 거쳐 갔다. 그래서 프라하는 예술의 도시이며 낭만의 도시이다. 중세의 아름다움 위에, 예술가들의 뜨거운 열정과 치열한 고뇌를 간직한 도시. 그 매력이 오늘도 여행자의 발걸음을 프라하에 묶어 둔다. ¤

위 | 매시 정각 구시청사 앞에는 천문시계를 보러 모인 관광객들로 문전성시를 이룬다.
아래 | 체코의 학생들이 전통 의상을 입고 민속춤을 선보이고 있다.

에곤 실레가 사랑했던 보헤미아의 숲, 체코 '체스키크롬로프'

EUROPE | 024 | CZECH

도시 한가운데를 가로지르는 블타바 강과 붉은 지붕들이 인상적인 체스키크룸로프.

과감하고 대담하고 에로틱한 그림으로 세상을 놀라게 했던 에곤 실레. 그를 좋아했던 시민들은 그가 〈옷을 벗고 있는 여자〉나 〈포옹〉 같은 그림을 내놓자 차갑게 등을 돌렸다. 당시 시민들이 받아들이기엔 너무나 충격적이고 도발적인 그림이었기 때문이다. 그럼에도 자신의 개성과 주관적 감성을 숨기지 못하고 화폭에 그것들을 담아내야 했던 에곤 실레는 얼마나 외로웠을까.

오스트리아의 대표적 표현주의 작가 에곤 실레가 처음부터 그런 과감한 그림을 그린 것은 아니었다. 그런 도발적인 그림 이전에 그는, 아름다운 도시의 풍경을 화폭에 담았다. 그러한 감수성을 키웠던 곳이 바로 어머니의 고향 체스키크롬로프다. 체코의 남부에 위치한 이 도시는 아름다운 자연과 유구한 문화유산이 켜켜이 쌓여 있는 예술의 도시였다. 자신의 연인이자 모델이었던 발리 노이첼과 함께 그림 작업을 하며 화가로서의 명성을 쌓았던 그는, 1910년 자신의 절친한 친구 안톤 페치카에 보낸 편지에서 체스키크롬로프를 이렇게 이야기하기도 했다. "보헤미아의 숲으로 가고 싶다. 그곳에서 새로운 것을 발견하고, 찬찬히 바라보며, 어둑한 곳에서 입에 물을 머금고 하늘이 내려준 천연의 공기를 마시며 이끼 낀 나무를 바라본다. 왜냐하면 그것들은 모두 살아 있기 때문이다. 어린 자작나무 숲에서 바스락거리는 소리를 듣고, 나무 사이로 비치는 햇살을 쬐며 푸른빛과 초록빛에 물든 계곡의 차분한 오후를 즐기고 싶다."

블타바 강을 끼고 있는, 인구 1만 5천의 작은 도시 체스키크롬로프가 문헌에 처음 등장하는 것은 1253년, 비테크 가문이 절벽 위에 성을 쌓으면서부터다. 이 가문은 오스트리아와 독일 바이에른주의 이주민들을 모아 도시를 이루었는데, 이곳에서 은광이 발견되면서 막대한 부를 축적하고 부를 누렸다. 하지만 안타깝게도 이 가문에서 후손이 끊기자 가문의 친척 로젠베르크 가문에 도시를 물려주게 된다. 체스키크롬로프가 전성기를 맞이하는 것은, 바로 이 로젠베르크 가문이 이 도시를 300여 년 동안 다스리면서다.

로젠베르크 가문은 체코의 서부, 즉 보헤미아에서 가장 높은 교양과 품위를 갖춘 명문가로 명성이 높았다. 로젠베르크 가문은 수공업과 상업으로 쌓은 부를 문화와 예술에 투자했다. 그런 연유로 20세기 이후 유럽의 많은 예술가들이 이곳을 찾았으며, 체스키크롬로프는 유럽에서 가장 사랑받는 예술의 도시로 성장하였다. 그러다 유럽 제일의 명문가였던 합스부르크 가문이 이곳에서 물러나면서 한 때 도시가 방치되기도 했다. 사람들은 자취를 감추었고 숲이 마을을 뒤덮을 정도였다. 하지만 세계대전 이후 되살아나기 시작하면서 체스키크롬로프는 현재 체코에서 가장 인기 있는 관광지 중의 하나가 되었다.

 체스키크롬로프로 들어가는 관문, 기차역은 산 중턱에 위치해 있다. 기차에서 내려 비탈진 길을 따라 20여 분 걸어가면 드디어 도시의 입구가 그 모습을 드러낸다. 가장 먼저 눈에 들어오는 곳은 도시의 상징 체스키크롬로프 성. 체코의 보헤미아 지방에서 프라하 성 다음으로 큰 규모를 자랑하는 이 성은, 깎아지른 절벽 위에 웅장하고도 화려한 모습으로 세워져 있다.

 이 성에서 에곤 실레는 산책을 하면서 사색을 즐기거나 그림을 그렸다고 한다. 성 위에 서 보니 그가 왜 이곳을 좋아했는지 십분 이해가 간다. 특히 동굴같이 생긴 입구를 지나면 절벽과 절벽 사이에 놓인 회랑을 만나게 되는데, 그곳은 체스키크롬로프의 비경을 감상할 수가 있는 전망대 같은 곳이다. 도시에 운치를 더하는 블타바 강과 울긋불긋한 지붕과 고풍스러운 골목길, 거기에 짙은 녹음을 자랑하는 보헤미아 숲까지 체스키크롬로프의 전경이 완전한 아름다움을 뽐내는 듯하다. ¤

체스키크롬로프 성에서 바라본 예수 상과 성 비티우스 교회.

체스키크롬로프 성으로 올라가는 길에는 아기자기한 노천카페들이 즐비하다.

위 | 도시의 규모는 크지 않지만 관광지답게 맛 좋은 레스토랑이 많은 체스키크룸로프.
아래 | 새로운 주인을 기다리는 중고 책들.

에곤 실레의 자화상.

'풍차와 운하의 도시' 암스테르담은 렘브란트로도 유명한 도시이다.

중세, 운하 그리고 예술의 도시, 네덜란드 '암스테르담'

EUROPE | 025 | NETHERLANDS

'빛의 마술사' 렘브란트와 '태양의 화가' 반 고흐의 도시, 이탈리아의 베네치아와 함께 '물의 도시'란 별칭을 가진 도시, 그리고 우리에겐 성적으로 개방된, 자유와 낭만이 넘치는 도시로 알려져 있는 곳. 그렇다. 암스테르담 이야기다. 1602년도 동인도 회사를 통해 향신료 무역으로 막대한 부를 축적하면서 무역 도시로서 성장한 암스테르담은, 이제 유럽 각지에서 몰려든 상인들에 여행객까지 더해져 언제나 활기가 넘쳐난다.

　하지만 암스테르담이 태생부터 낭만적이었던 것은 아니다. 네덜란드는 국토의 1/4이 해수면보다 낮다. 그래서 네덜란드라는 국가 이름도 '낮은 땅'을 의미한다. 암스테르담도 수백 년 전 어민들이 암스테르 강 하구에 흙을 쌓아 올리고 정착하기 시작하면서 생겨난 도시다. 그 뒤로도 암스테르담 시민들은 바다의 무수한 위협을 감내하면서 살아야 했다. 오죽하면 수없이 밀려오는 높은 조수에 밭을 가는 것보다 제방을 쌓고 고치는 일에 더 많은 시간을 보내야 했을까. 그래도 암스테르담 시민들은 꿋꿋하게 버텨 냈다. 끈질긴 생명력으로 삶의 터전을 지켜 냈으며, 그 땅 위에 세계적인 무역과 금융의 도시, 튤립과 풍차로 대표되는 낭만의 도시를 일궈 냈다.

　그리고 거미줄처럼 얽힌 운하를 가진 운치 있는 도시로서 전 세계 여행자들의 로망 속에 우뚝 섰다. 암스테르담에는 수심 2m의 운하가 160개가 넘는다. 그 운하 위로 수천 개의 주거용 보트가 떠 있고, 그 사이로 여행자들을 태운 작은 보트들이 쉴 새 없이 강물처럼 흘러간다. 거기에 90여 개의 섬들을 연결한 1,281개의 다리는 암스테르담에 독특한 매력을 더한다.

　여행의 중심지인 담락 거리에 들어서면 여행자의 흥분은 한껏 고조된다. 마치 시간 여행이라도 떠나온 듯 중세 시대 속을 여행하고 있는 느낌이 든다. 암스테르담 중앙역에서 구시가지로 접어드는 길목에 부채꼴 모양으로 늘어선 집들, 16세기에서 18세기 사이에 건축된 6,750여 개의 유서 깊은 집들은 그저 고풍스럽다는 말 외엔 달리 설명할 길이 없다. 그 사이로 느린 전차가 더딘 시계 바늘처럼 꿈틀대며 달리고 있다. 도시 전체가 중세의 향기를 내뿜으며 여행자들을 취하게 한다.

담락 거리가 끝날 즈음 여행자들은 담 광장을 만나게 된다. 담 광장은 암스테르담의 중심답다. 주요 건물들, 온갖 명소, 레스토랑과 카페, 그리고 즉흥 퍼포먼스까지 그야말로 없는 게 없다. 그 중에서도 여행자들의 시선을 한 몸에 받는 곳이 있었으니, 그것은 바로 왕궁이다. 17세기 고전주의 양식의 걸작으로 일컬어지는 이 왕궁은, 1648년 로마 건축에서 영감을 받은 건축가 야콥 반 캄펜이 물이 괴는 낮은 땅에 13,659개의 말뚝을 박는 것으로 지어지기 시작했다. 외관은 엄격한 고전 양식을 따랐으며 내부는 호화로운 가구들로 채웠다. 각 방은 화려한 양각과 플랑드르 풍의 대리석 조각들로 장식했으며, 방을 두른 장식의 띠와 천정화는 렘브란트의 제자인 페르디난드 볼과 고버트 프링크가 그렸다. 그렇게 만들어진 이 건축물이 처음부터 왕궁의 역할을 했던 것은 아니었다. 처음에는 암스테르담의 시청사로 사용되다가 19세기 네덜란드가 나폴레옹의 지배를 받으면서 왕궁으로 지정되었다고 한다. 17세기 황금 시대의 영화와 예술의 진면목이 느껴지는 이 화려한 왕궁은 현재 왕실의 영빈관으로 사용되고 있다.

암스테르담엔 여행자의 발길을 잡아끄는 또 하나의 자랑거리가 있다. 바로 반 고흐 미술관과 렘브란트의 영혼을 만날 수 있는 국립 미술관과 렘브란트 아틀리에가 그것이다. 두 화가의 흔적은 도시 곳곳에 숨겨져 있다. 반 고흐의 경우 주로 프랑스에서 활동한 탓에 생가나 무덤은 없지만, 반 고흐 미술관에서 작품으로 그의 예술 세계와 소통해 볼 수 있다. 반면 렘브란트는 일평생 암스테르담에서 활동한 작가다. 그래서 그의 주옥같은 작품이 전시된 국립 미술관뿐만 아니라 그가 머물며 작업했던 아틀리에에서도 그의 향기를 느껴볼 수 있다. 위대한 화가들의 숨결과 작품들을 만나는 일은 참 행복한 일이다. 그러고 보면 암스테르담 여행의 핵심은 중세 시대의 왕궁이나 운하의 아름다운 풍경이 아니라, 암스테르담 문화 예술의 상징인 반 고흐와 렘브란트의 예술적 영혼을 만나는 데 있을지도 모르겠다. ✡

덜컹거리는 전차가 암스테르담 구시가지를 가로지르며 달린다.

위 | 거미줄처럼 얽히고설킨 암스테르담의 운하.
아래 | 중세 풍의 건물들이 빼곡하게 들어선 구시가지에서는 중세의 향기가 물씬 풍긴다.

일하는 날보다 제방을 쌓는데 더 많은 시간을 보냈던 암스테르담 시민들.
그들의 노력으로 암스테르담은 세계에서 가장 아름다운 도시로 발돋움할 수 있었다.

암스테르담에서는 '빛의 마술사' 렘브란트의 흔적과 작품들을 곳곳에서 만날 수 있다.

## 마그리트 그림 속으로 떠나는 초현실주의 여행, 벨기에 '브뤼셀'

EUROPE | 026 | BELGIUM

　　센 강이 남에서 북으로 흐르고, 중세 시대의 고풍스런 건물과 현대적 마천루가 함께 어우러진 브뤼셀. 규모로는 유럽에서 그리 크지 않은 도시에 속하지만, 유럽연합과 북대서양조약기구의 본부가 있어 도시가 가지는 의미는 작은 않은 브뤼셀. 프랑스 출신 작가 빅토르 위고는 브뤼셀을 가리켜 '유럽에서 가장 아름다운 도시'라고 칭찬하였다. 그도 그럴 것이 브뤼셀은 유네스코가 인정한 중세 도시이다. 그런가 하면 브뤼셀은 마그리트의 팬들에겐 성지와도 같은 곳이다. 도시 곳곳에 20세기 최고의 초현실주의 작가 르네 마그리트의 숨결이 남아 있기 때문이다.
　　브뤼셀 여행의 핵심은 구시가지 광장 그랑 플라스다. 1998년 유네스코 세계문화유산으로 등재된 이곳은, 17세기 중세풍의 이미지를 가지고 있다. 광장 중심에는 시청사가 있다. 벨기에에서 가장 큰 건물에 속하는 이 건물은, 높이 96m의 첨탑을 얹고 있다. 탑의 꼭대기에는 브뤼셀의 수호천사 미카엘 상이 서 있다. 시청 주변으로 길드하우스와 같은 고딕과 바로크 양식의 건축물들이 어깨를 나란히 하고 있다. 성미셀 대성당과 브뤼셀 왕궁 그리고 벨기에 왕립 미술관은 브뤼셀의 주요 볼거리이다. 중앙역 북쪽에 위치한 성미셸 대성당은 고딕 양식의 성당으로, 1226년에 지어지기 시작하여 17세기에 이르러서야 완성되었다고 한다. 특히 이곳은 예배당의 화려한 스테인드글라스로도 유명해서 늘 관광객들이 북적인다. 브뤼셀 왕궁은 레오폴드 2세가 지은 것인데, 프랑스의 베르사유 궁전과 같은 루이 왕조 양식의 왕궁이다. 벨기에 왕립 미술관은 벨기에 최대의 미술관이다. 지상의 왕립 고전 미술관과 지하의 왕립 근대 미술관으로 이루어져 있는 이곳에는, 15세기부터 20세기까지의 수천 점의 작품이 전시되어 있다.

이렇게 브뤼셀의 중세를 여행하고 나면, 이제는 마그리트를 만나러 갈 차례다. 구시가지 광장에서 지하철을 타고 벨기카 역으로 가면 그 근처에 마그리트가 살던 집이 있다. 그가 프랑스에서의 생활을 접고 벨기에로 돌아와 죽기 전까지 살았던 이곳은, 현재 마그리트 미술관으로 사용되고 있다. 미술관 치고는 작은 규모지만, 마그리트의 예술적 고뇌와 애환을 느끼기엔 부족함이 없는 곳이다. 그가 휴식을 취했던 침실은 깔끔하게 단장되어 있고, 그가 직접 디자인했다는 책장과 책상이 여전히 그의 작업실을 채우고 있다. 안뜰에는 아담한 새장이 있고 그 안에서 작은 새가 새장이 좁은 듯 쉼 없이 푸드득거린다. 그런데 한참을 돌다 보면 뭔가 이상한 점을 발견하게 된다. 마치 어디서가 본 듯한 느낌이 드는 것이다. 그러다 순간 무릎을 탁치며 깨닫게 된다. 푸른 벽지, 하얀 창틀, 독특한 문고리, 새 등이 마치 그의 그림 속에서 튀어나온 듯하다는 것을. 마그리트가 자신의 초현실주의 작품에서 반복적으로 사용하던 오브제가 바로 여기 실재하고 있는 것이다. 관람객의 손에 든 그의 화보집 속 오브제가 화보집 밖 현실에 똑같은 모양으로 놓여 있다. 이것이야말로 마그리트가 만들어낸 최고의 초현실주의 작품이 아닐까.

브뤼셀의 여행은 참 묘한 매력이 있다. 17세기로 시간 여행을 할 수 있고 마그리트를 따라 초현실주의의 세계를 넘나들 수 있다. 그 묘한 매력 속을 여행하다 보면, 왜 빅토르 위고가 브뤼셀을 그렇게 아낌없이 칭찬했는지 고개가 절로 끄덕여진다. ¤

브뤼셀에서 가장 아름다운 그랑 플라스는 중세 시대 건축물로 가득하다.

위 | 그랑 플라스 광장 뒷골목으로 가면 해산물 전문의 일급 레스토랑이 즐비하다.
아래 | 그랑 플라스 광장 주변은 마치 야외 건축 박물관 같다.

광장 바닥에 주저앉은 채 즐거운 시간을 보내고 있는 현지인들.

아코디언이 빚어내는 감미로운 선율이 브뤼셀을 더욱 아름답게 한다.

미로처럼 얽히고설킨 브뤼셀 구시가지 골목길.

교황 요한 바오로 2세의 청춘이 담긴 천년 고도, 폴란드 '크라쿠프'

EUROPE | 027 | POLAND

　　세계의 성인 요한 바오로 2세가 서거한 뒤, 그와 관련된 몇 가지 일화가 세상에 소개되었다. 그 중 하나가 바로 첫사랑이었다. 그에게는 27세에 신부가 되기 전까지 무려 10여 년 동안 불꽃같은 사랑을 나눈 여인이 있었다. 그러나 끝내 그들의 사랑은 이루어지지 않았고, 30년이 지난 후에야 비로소 교황과 신도의 신분으로 재회했단다. 이루지 못한 사랑 이야기로 인간적인 매력을 보여주었던 바오로 2세. "나는 행복합니다. 그대들 또한 행복하시오."라는 마지막 말로 타인의 행복을 기원하고 축복했던 그를 추억할 수 있는 곳이 있다. 그가 청년 시절을 보내며 삶과 고뇌, 희망과 좌절을 묻어두었던 곳, 바로 폴란드의 크라쿠프다.
　　크라쿠프는 바르샤바로 수도가 이전되기 전 1038년부터 1596년까지 558년 동안 폴란드의 문화, 경제, 정치, 예술, 종교의 중심지였다. 특히 14~15세기 전성기를 누린 크라쿠프 왕국은 체코의 보헤미안 왕국과 오스트리아의 합스부르크 왕가와 함께 중세 유럽의 문화 중심지 역할을 해왔다. 13세기부터 몽골과 터키에 의해 동유럽 대부분의 도시가 점령되고 파괴되었지만 신기하게도 크라쿠프는 어떠한 피해도 입지 않았다.

그야말로 행운의 도시다. 그렇게 하늘마저 도와준 천년 고도의 아름다움은, 이탈리아의 로마보다도 먼저 유네스코 세계문화유산으로 선정될 만큼 정평이 나 있다.

폴란드의 수도 바르샤바보다 더 오랜 전통을 지닌 크라쿠프는, 폴란드의 정신적 수도이자 민족 문화의 메카다. 1596년 지그문트 3세가 폴란드 왕국의 수도를 바르샤바로 옮긴 후에도 여전히 이곳에서 왕의 대관식과 장례식이 치러질 정도였다. 18세기에 폴란드가 독일, 오스트리아, 러시아에 의해 식민지로 전락했을 때 오스트리아 령에 있었던 크라쿠프만은 자유 도시로 인정받아 폴란드의 역사와 문화를 찬란히 꽃피웠다.

크라쿠프의 아름다움은 구시가지 광장에서 비롯한다. 대부분의 유럽 도시들이 그러하듯, 크라쿠프도 정사각형 모양의 중앙 광장과 남서쪽에 있는 바벨 성을 중심으로 도시가 발달하였다. 그 네모난 광장을 기점으로 길쭉한 타원형 모양의 구시가지가 형성되었는데, 그것이 바로 오늘날 하루 수천 명이 찾는 크라쿠프 구시가지 광장이다. 두 개의 첨탑이 인상적인 성 마리아 성당과 구시가지를 한눈에 조망할 수 있는 구시청사, 노란색의 직물회관 등으로 광장은 더욱 빛난다.

천년 고도 크라쿠프에는 종교적 열정이 가득하다. 교황 요한 바오로 2세를 배출한 도시이기 때문이다. 그래서인지 크라쿠프의 거리는 가톨릭 성당과 교회가 빼곡하다. 구시가지 광장에서 역대 폴란드 왕들이 거주했던 바벨 성으로 가다 보면 고딕 양식, 르네상스 양식의 크고 작은 교회들이 길을 따라 나란히 들어서 있다. 특히 그로츠카 거리에는 성 요셉 교회, 성 앤드류 교회, 성 마르틴 교회, 성 페트로 파울로 교회 등 외형적으로 너무나 아름다운 교회들이 많다. 이 교회들은 전쟁에도 전혀 파괴되지 않아 과거의 영광을 그대로 간직하고 있다.

그로츠카 거리를 따라 남쪽으로 5분 정도 내려가면 석회암 언덕에 지어진 바벨 성과 대성당을 만날 수 있다. 비수와 강이 한눈에 내려다보이는 야트막한 언덕 위에 세워진 바벨 성은 폴란드 왕국의 상징이자 크라쿠프의 자랑이다. 요한 바오로 2세가

크라쿠프는 바르샤바로 수도가 옮겨지기 전 폴란드의 수도였다.
사진은 성 앤드류 교회 입구에 세워진 조각상들.

교황 요한 바오로 2세의 고향이기도 한 크라쿠프는 그의 젊은 청춘이 담겨 있는 도시다.

주교로 10년간 몸담았던 곳이기도 하고, 폴란드 역대 왕들의 대관식과 결혼식 그리고 장례식이 거행된 곳이기도 하다. 성당 지하에는 왕족, 민족 영웅, 예술가들의 유해가 안치되어 있기도 하다. 바로크 양식으로 지어진 바벨 성은 그 웅장한 외형과 더불어 화려한 내부로도 유명하다. 조각과 벽화들도 하나같이 화려하고 세련됐다. 게다가 성당 내부의 기둥과 바닥이 이탈리아 베네치아의 산마르코 대성당처럼 검은 대리석으로 장식되어 있어 여행자들의 시선을 오래도록 머물게 한다. ¤

자욱한 안개로 둘러싸인 '발트 해의 보석', 폴란드 '그단스크'

EUROPE | 028 | POLAND

구시가의 한복판에 있는 두우기 광장은 다양한 축제와 행사가 열리는 시민들의 공간이다.

우리에게 '단치히'란 이름으로 더욱 잘 알려진 그단스크는 '발트 해의 보석'이라 불린다. 그만큼 자연 경관이 수려하다. 특히 도시를 감싸고 있는 자욱한 안개는 그단스크에 신비감을 더한다. 비수와 강 하구에 형성된 인구 50만의 항구 도시, 그단스크로 떠나 보자.

　그단스크는 10세기부터 동유럽의 무역항으로 성장하였다. 바다에 면하지 못한 체코, 헝가리, 슬로바키아 등의 수출입 항구 역할을 대신했던 것이다. 그래서 지금도 그단스크에는 동유럽 수출입을 담당하는 엄청난 규모의 노비포르트 항구와 조선소가 있다. 12세기 이후 독일 상인들이 이 무역 도시로 대거 이주해 왔다. 한자동맹에도 가입하면서 그단스크는 동유럽 무역의 중심지이자 전략적 요충지가 되었다. 그 지리적 이점 때문에 그단스크는 제2차 세계대전의 발발지가 되기도 했다. 히틀러가 독일에 병합시킬 목적으로 이곳을 침략하면서 제2차 세계대전이 시작되었던 것이다. 당시 독일과 구소련 간의 처절한 전투로 인해 도시의 60%가 파괴되었다.

　하지만 전쟁 후 그단스크는 복원 과정을 통해 예전의 모습을 되찾았다. 전쟁의 상흔을 지우고 천년 세월에 빛나는 도시로 복원된 것이다. 무역을 통해 축적한 엄청난 부로 거리 곳곳에 예술이 넘쳐 흐르던, 수준 높은 문화 예술의 도시. 그 아름다움을 가장 먼저 가장 확실하게 볼 수 있는 곳은, 역시 구시가지다. 구시가지의 관문이라 할 수 있는 브라마 비진나를 거쳐 '황금의 문'이라 불리는 즈워타 브라마를 통과하면, 한 장의 그림엽서 같은 구시가지가 눈앞에 펼쳐진다. 구시가지의 메인 거리인 두와가 거리 양편으로 길게 늘어선 중세 시대 건축물과 두우기 광장은 그 환상적인 분위기로 여행자의 시선을 압도한다.

　특히 두우기 광장은 이탈리아 베네치아의 산마르코 광장이나 벨기에 브뤼셀의 그랑 플러스 광장과 비견될 만큼 아름답다. 파스텔 톤의 르네상스식 건축물이 빚어 내는 이미지는 한 폭의 수채화처럼 단아하고 깔끔하다. 이 건물 대부분은 제2차 세계대전이 끝난 후 증축과 개축을 통해 새롭게 지어진 것들이다. 물론 원형 그대로 보존된 건물도 간혹 있긴 하지만 말이다. 광장 중심에는 오랜 세월 폴란드 시민들과 함께해 온 넵튠 분수가 있다. 1633년에 완성된 이 분수는 로마의 분수만큼 화려하지는 않지만, 그단스크 시민들이 가장 사랑하는 상징물이다. 분수 주위로 르네상스 양식과 바로크 양식의 건축물들이 복원되면서 넵튠 분수는 폴란드 시민과 여행자들이 가장 많이 찾는 곳이 되었다.

그단스크의 멋진 건축물들을 한눈에 감상하고 싶다면 성 마리아 교회 종탑으로 올라가면 된다. 이곳은 붉은 벽돌로 지어진 교회 중에서는 세계 최고의 규모를 자랑하는데, 1343년부터 공사가 시작되어 1502년에 완성되었다. 15세기에 만들어진 천문시계와 28개의 기둥이 받치고 있는 별 모양의 천장, 하늘을 찌를 듯 높이 솟은 78m의 첨탑, 그것만으로도 성 마리아 교회는 충분히 인상적이다. 하지만 그게 다가 아니다. 성 마리아 교회에서는 첨탑 전망대까지 올라가 봐야 한다. 그곳에 올라야 보이는 그단스크 구시가지의 전경은 정말 기가 막히기 때문이다.

하지만 그단스크의 아름다움은 거기서 그치지 않는다. 넵튠 분수에서 동쪽으로 100m를 걸어가면 '녹색 문'이라고 불리는 그린 게이트가 있다. 그리고 이곳을 지나는 순간, '아!'하는 감탄사가 터져 나온다. 너무나 아름다운 운하가 펼쳐져 있기 때문이다. 자욱한 안개가 빚어 내는 발트 해가 그렇게 신비로울 수가 없다. 안개 사이로 희미하게 운하 위를 떠가는 하얀 유람선이 보인다. 부두 주변으로 예쁜 카페와 레스토랑 그리고 15~16세기경에 지어진 창고들이 보인다. 그 고요한 안개 속 풍경 앞에서 여행자는 오래도록 한 발자국 뗄 수가 없다. ◻

위 | 그린 게이트의 밤 풍경. 이곳은 연인들의 단골 데이트 장소다.
아래 | 여명 속에서 빛나는 넵튠 분수와 시청사.

위 | 성 마리아 교회 꼭대기에서 바라본 그단스크 시가지 풍경.
아래 | 천 년의 역사를 자랑하는 그단스크는 오랜 세월만큼이나 아름다운 건축들이 많다.

발트 해의 안개로 온통 하얗게 변해 버린 그단스크.
해변 벤치에서 사랑을 나누고 있는 연인의 모습이 너무나 로맨틱하다.

## 쇼팽의 생가에 흐르는 한여름 밤의 즉흥환상곡, 폴란드 '바르샤바'

EUROPE | 029 | POLAND

　　한여름 밤 젤라조바 볼라의 공원에는 아름다운 피아노 선율이 흐른다. 피아니스트의 손끝에서 연주되는 〈즉흥환상곡〉은 화려하기 그지없다. 영롱한 피아노 선율 앞에서 동유럽의 우울한 풍경은 하나의 엽서가 된다. '동토의 왕국' 폴란드. 그곳엔 쇼팽이 있어 언제나 낭만적이고 아름답다.

　　쇼팽이 태어난 곳, 바르샤바. 바르샤바는 바르샤바 평야의 중심부에 비슬라 강을 끼고 있는 폴란드의 수도다. 16세기 폴란드의 수도가 되었지만, 19세기 중반 독일의 침공과 바르샤바 봉기로 도시의 많은 부분이 파괴되었다가 19세 후반에 도시가 재건되었다. 이때 역사적인 건축물들도 상당량 복원되었다. 그 결과 바르샤바는 세계문화유산에 빛나는 도시가 되었다. 그래서 여행자들은 폴란드 여행을 바로 이 바르샤바에서 시작하게 된다.

　　바르샤바에 도착하면 제일 먼저 눈에 들어오는 것이 문화과학 궁전이다. 시내 어디에서든 볼 수 있는 이 건물은 234m의 높이로 도시의 이정표 역할을 한다. 이 빌딩은 스탈린이 폴란드를 위해 지은 사회주의 시대의 대표적 건물로 러시아 건축 양식으로 지어졌다. 이 건물에 대하여 러시아 사람들은 '스탈린이 보내 준 선물'이라고 말하지만, 정작 폴란드인들은 '러시아 무덤'이라며 그다지 좋아하지 않는다. 폴란드인들은 이 문화과학 궁전에 사는 사람들이 바르샤바에서 가장 행복한 사람이라고 말한다. 왜냐하면 건물 속에 있으니 이 건물을 보지 않아도 되기 때문이란다.

바르샤바 구시가지 입구에 있는 잠코비 광장은 바르샤바의 역사를 느낄 수 있는 곳이다. 이곳에는 바르샤바에서 가장 오래된 기념비, 지그문트 3세의 청동상이 있다. 지그문트 3세는 폴란드의 수도를 크라쿠프에서 바르샤바로 옮긴 장본인으로, 바르샤바에서 특히 존경 받는 인물이다. 광장 오른쪽에는 폴란드 왕족의 거주지 붉은색 왕궁이 있다. 이곳의 주요 볼거리 중의 하나는 거리 공연가들의 팬터마임이다. 워낙 여행자들이 많이 몰리는 곳이라 거리 공연하는 사람도 많은데, 그 수준이 어찌나 대단한지 여행자의 지갑이 절로 열릴 정도다.

바르샤바의 크라쿠프 거리 역시 유서 깊은 거리이다. 중세의 분위기가 물씬 풍기는 이곳에는, 성 십자 교회와 바르샤바 대학, 과학아카데미 본부와 현재 대통령이 집무하는 대통령궁 등이 있다.

이 거리에서 여행자들에게 인기가 많은 곳은 바르샤바 대학과 성 십자 교회이다. 왜냐하면 쇼팽의 자취를 느낄 수 있기 때문이다. 바르샤바 대학은 생전에 쇼팽이 공부하였던 곳으로 쇼팽의 젊은 시절 꿈이 녹아 있는 장소이다. 그리고 맞은편에 쇼팽의 심장이 묻혀 있는 성 십자 교회가 있다. 쇼팽은 서른아홉의 젊은 나이에 파리에서 운명을 달리했다. 폴란드인들은 쇼팽의 시신을 조국으로 가져오고 싶어 했지만 뜻대로 되지 않았고 그의 여동생이 파리에서 겨우 심장만을 가져올 수 있었다. 그의 심장은 본당 중앙의 왼쪽 돌기둥 아래 묻혔다.

바르샤바에서 70km 정도 떨어진 젤라조바 볼라에는 쇼팽의 생가가 있다. 쇼팽은 7살에 바르샤바로 이사 가기 전까지 이곳에서 유년 시절을 보냈다. 현재 이곳은 쇼팽 기념관으로 개조되어 그와 관련된 다양한 전시물을 공개하고 있다. 그의 악보, 가

동토의 왕국이라 불리는 바르샤바는 산업의 도시이자 동유럽과 서유럽의
문화적 가교 역할을 담당하는 문화와 교육의 중심지이다.

위 | 피아노의 시인, 쇼팽의 심장이 묻힌 성 십자교회.
아래 | 바르샤바 시민들의 휴식처인 와젠키 공원의 겨울 풍경.

위 | 젊음과 활기로 넘쳐나는 구시가지 광장
아래 | 세계문화유산의 도시답게 고풍스런 중세분위기를 연출하는 구시가지.

족사진, 자화상 등 볼거리도 넘쳐나지만, 무엇보다 이곳이 매력적인 이유는 7~9월이면 밤마다 쇼팽의 음악을 들을 수 있는 연주회가 열리기 때문이다. 쇼팽이 태어나고 유년 시절을 보낸 바로 그곳에서, 쇼팽의 〈즉흥환상곡〉을 듣는 순간은, 이 세상에 더 없이 낭만적인 순간이다. ¤

동유럽에서 찬란한 문화와 역사를 가진 바르샤바.

릴케가 사랑하고 선택한 도시,
스위스 '취리히'

EUROPE | 030 | SWITZERLAND

알프스 산맥의 최북단 우에들리베르크 봉우리에서 내려다본 취리히 시내 전경.

릴케의 도시, 스위스. 사랑하는 여인 루 살로메를 위해 장미를 꺾다가 폐혈증으로 죽고만 시인 릴케는 사실, 스위스 출신은 아니다. 프라하 태생이었으며 프랑스에서 로댕의 비서로 일하다 뒤늦게 예술에 눈을 뜬 작가이다. 하지만 그는 스위스에 반해 버렸다. 그라우뷘덴의 봉건적인 분위기, 타시노의 이탈리아식 차임벨 연주와 밤 풍경, 바젤에서 만난 헤르만 헤세와의 추억, 베른의 아름다운 구시가지, 그리고 취리히의 향토성과 시민 의식 등을 경험하면서 스위스의 매력 속으로 빠져들었다.

2001년 영국 윌리엄 메르서社로부터 세계에서 가장 살기 좋은 도시로 뽑힌 취리히. 살기 좋다는 것은 단순히 자연 풍광이 빼어나고, 생활의 편의 시설이 잘 갖춰져 있다는 의미만은 아닐 것이다. 취리히를 가본 사람은 안다. 취리히가 왜 살기 좋은 도시인지를. 넘치지도 모자라지도 않은 경제적 풍요와 천혜의 자연, 그리고 시민의 삶을 안정적으로 지탱해주는 다양한 복지 시스템, 이러한 요소들이 복합 작용을 이루어 취리히를 '살기 좋은 도시'로 만들어 가고 있는 것이다.

2,000년의 역사를 가진 취리히는 스위스 상공업과 금융의 중심지이자 모든 도로와 철도의 시발점이 되는 곳이다. 로마 시대에 게르만족과의 무역을 위해 세관을 세운 데서 비롯된 이 도시는 독일, 이탈리아, 프랑스와 아주 근접하다는 지정학적 위치 덕분에 일찌감치 발전하였다. 현재는 경제적, 정치적 안정을 토대로 유럽 최대의 외환시장을 형성한 도시이기도 하다.

하지만 이러한 경제적 부유함만으로는 인구 35만의 도시가 매년 수백만의 관광객을 끌어들이는 이유를 설명하기에 불충분하다. 취리히는 도시를 따라 흐르는 리마트 강의 청명함과 현대 건축의 세련됨 그리고 중세의 멋스러움이 잘 조화되어 있는 도시다. 그 멋이 어느 정도인가 하니, 릴케는 이곳에서 살다 삶을 마감했으며, 바그너, 헤르만 헤세, 찰리 채플린 등 수많은 예술가들 이곳에서 영감을 얻어 유수의 작품들을 남겼다. 그런 매력이 있기에 매년 수백만의 관광객이 취리히를 찾게 되는 것이 아닐까.

취리히 중앙역 앞 반호프 거리는 쇼핑의 거리다. 밤이면 화려한 네온사인으로 관광객을 유혹하는 곳. 하지만 여느 쇼핑 거리처럼 생각해선 안 된다. 상점들은 하나같이 이색적 간판을 내걸고 예술품 진열하듯 상품 하나하나를 정성껏 진열해 놓았다. 상점 안에 놓인 상품들도 예술품이라 해도 좋을 세계적 명품들 일색이다. 이태리의 밀라노, 프랑스의 샹젤리제와 비교해도 하나 뒤질 것이 없다. 주머니 사정이 빠듯해서 쇼핑 거리 하면 주눅이 들고 마는 관광객들도 갤러리 구경하듯 산책을 나서도 좋은 거리다. 특히 연말연시라면 이 길을 걷는다는 것 자체만으로도 평생 잊지 못할 추억거리 하나를 챙기는 셈이 된다. 거리를 화려하게 수놓은 수만 개의 트리와 상점의 네온사인 덕분이다.

리마트 강 주변에서는 취리히의 중세 모습을 한눈에 감상할 수가 있다. 반호프 거리에서 불과 몇 백 미터 떨어진 곳에서 말이다. 스위스 최대의 로마네스크 건축물 그로스뮌스터 대성당과 유럽 최대의 시계탑이 있는 장크트페터 성당, 그리고 17세기에 지어진 시청사 건물 등은 취리히의 현재 속에 조화롭게 남겨진 아름다운 과거다.

길을 돌아 취리히 호수로 향한다. 한 폭의 수채화가 펼쳐진다. 맑은 하늘 위로 갈매기들이 날고, 리마트 강 위로 유람선이 흘러간다. 산책로 벤치에는 취리히 시민들이 한가로운 시간을 보내고 있다. 책으로 지성을 쌓고 키스로 사랑을 나눈다. 그들의 풍요롭고 여유로운 모습이 여행자는 그저 부러울 따름이다. ¤

취리히에서 기차로 10분 거리에 있는 바덴은 헤르만 헤세가 즐겨 찾았던 온천 도시다.

고풍스러운 분위기의 골목길.

우에들리베르크 정상에서 데이트를 하고 있는 연인.

전차가 내달리는 취리히의 반 호프 거리.

스위스의 색다른 중세 도시들, 스위스 '베른과 프리부르'

EUROPE | 031 | SWITZERLAND

스위스의 중세 도시 프리부르의 겨울 풍경.

세계에서 가장 살기 좋은 곳과 가장 가고 싶은 나라로 꼽히는 스위스. 알프스에서 불어오는 깨끗한 공기와 푸른 하늘빛을 담아내는 맑은 호수가 수없이 펼쳐지는 스위스는 복잡한 도시 생활에 지친 현대인에게 샹그릴라와 같은 곳이다. 이와 더불어 스위스가 여행자들에게 사랑받는 또 다른 이유는, 여러 나라와 국경을 접하고 있어 지역별로 다양한 특색을 가지고 있기 때문이다. 스위스는 북으로는 독일, 남으로는 이탈리아, 서로는 프랑스와 마주하고 있어 도시별로 분위기가 많이 달라진다. 특히 스위스의 수도이자 독일풍의 중세 도시 베른과 프랑스풍의 중세 도시 프리부르는 여행자들에게 사랑받는 대표 도시들이다.

　　스위스의 수도 베른에는 아레 강이 도시 중심부를 휘돌아 나간다. '곰'이라는 뜻의 베른은 1191년 도시 건설자로 유명한 체링겐가의 베르톨트 5세에 의해 군사적인 요새로 건설되었지만 이후 자유 도시로 성장하였다. 한때 나폴레옹에게 정복되어 프랑스의 통치를 받은 적도 있지만, 1848년에 스위스의 수도가 되면서 지금까지 그 명성을 이어 오고 있다. 베른은 수도치고는 작은 편이다. 도시의 크기로 순위를 매기면 네 번째에 속하는데다 인구가 15만밖에 되질 않는다. 수도보다는 전원도시란 이름이 더 잘 어울리는 베른은 그러나, 루소, 아인슈타인, 헤르만 헤세 등이 머물며 많은 역사적 자취를 남긴 곳이다. 그리고 중세의 모습을 고스란히 간직하고 있다는 이유로 1983년 유네스코로부터 세계문화유산으로 지정되기도 한 곳이다.

　　베른에는 중세 시대의 문화를 간직한 볼거리들이 많이 있다. 유럽 특유의 고풍스러운 건축물들과 유구한 역사를 자랑하는 시계탑, 그리고 11개의 독특한 분수 등이 그것이다. 또한 도시를 한눈에 내려다볼 수 있는 장미 정원이 있다. 그곳에 서면 발 아래로 아레 강과 스위스 최대 성당인 베른 대성당이 힘찬 위상을 뽐낸다. 천년의 역사를 가진 수도답게 베른의 건축물에서는 중세의 진한 향기가 묻어난다.

　　이 도시의 중심이자 구시가지인 슈피탈 거리는 유네스코 세계문화유산의 주인공이다. 아인슈타인의 추억이 살아 숨 쉬는 슈피탈 거리로 들어서면 베른의 고색창연

위 | 베른의 중심 슈피탈 거리. 아래 | 도시 전체가 세계문화유산으로 지정된 베른.

함이 여행자에게 그대로 전해진다. 울퉁불퉁한 도로를 따라 덜컹거리는 전차들이 좁은 골목길을 마구 누비는데, 그 모습이 얼마나 낭만적인지 모른다. 고전적인 전차를 타고 슈피탈 거리를 돌아보는 시간은 마치 시간이 멈춘 세상을 여행하는 듯하다.

슈피탈 거리에 있는 11개의 분수는 베른의 자랑이자 여행자가 절대 빠트리지 말아야 할 명소이다. 이 분수들은 16세기 중엽, 당시 베른의 생활상과 종교를 표현한 조각상들로 장식된 것들이다. 백파이프를 연주하는 모습의 분수, 베른의 영광을 그린 '사자의 분수', 그리고 이 도시의 창시자 체링겐 베르톨트 5세의 조각상이 중세 도시의 분위기를 한껏 돋운다. 한겨울에도 어는 법 없이 늘 힘차게 솟구치는 분수들이 마치 베른 사람들의 질긴 생명력과 강인함을 상징하는 것 같다.

베른의 슈피탈 거리에서 버스로 20분만 달려가면, 또 다른 중세 도시 프리부르를 만나게 된다. 프리부르는 베른보다 34년 앞선 1157년에 체링겐가의 베르톨트 4세가 세운 도시인데, 스위스 중앙고지에서 흘러내리는 사린 강을 끼고 가파른 언덕 위에 철옹성처럼 지어진 요새 도시다. 스위스 가톨릭의 중심지로서 종교 도시로의 성격이 강했던 프리부르는 베른과 비슷한 도시 모양을 가지고 있다. 하지만 베른이 독일 문화의 영향을 받은 것과는 달리, 프리부르는 프랑스 문화의 영향을 많이 받았다. 인구 4만의 주민 대부분도 프랑스계다.

프리부르의 중앙역에서 언덕을 내려가 구시가지로 들어가면 13세기에 지어진 목조다리, 성모리스 성당, 성 니콜라스 성당, 그리고 세월이 먼지를 뒤집어쓴 시청사 등이 중세 이미지를 한껏 뽐낸다. 특히 중세의 기품과 종교적인 향기가 잔뜩 배어 있는 성 니콜라스 성당은 프리부르의 상징이다. 14세기에서 15세기 사이에 지어진 성 니콜라스 대성당에는, 앞쪽에 높이 76m짜리 탑이 서 있고 출입구 위에 사제들 조각상이 설치돼 있으며 남쪽 문에는 동방박사들의 모습이 새겨져 있다. 성당 내부에서는 중세의 향기, 종교의 향기가 더욱 강하게 뿜어져 나온다. 기품 있는 중세 독서대, 성가대석과 일반석 사이 칸막이, 성가단, 조세프 드 메호퍼가 제작한 현대식 스테인드글라스,

알로이 무저가 제작한 오르간 등이 마치 중세 박물관을 연상케 한다.

프리부르 구시가지 한복판에 자리한 시청사 역시 주요 볼거리다. 16세기 초 질리안 펠더와 한스 펠더 형제가 지은 시청사는 프리부르 역사와 삶의 궤적을 함께한다. 시청사 출입구에는 아치 모양 띠 장식이 눈길을 끌고, 내부에는 루이 16세 스타일 장식과 후기 고딕 양식 창문이 시청사를 아름다운 중세 건축물로 빛나게 한다.

구시가지 맞은편에 위치한 언덕길을 20여 분 오르면 발 아래로 프리부르의 전경이 펼쳐진다. 특히 함박눈이 소복하게 도시를 완전히 감싸는 겨울이면, 프리부르는 '이보다 더 아름다울 수 없는' 중세 도시가 된다. 자연과 조화를 이루며 수백 년 중세의 삶을 간직한 도시 프리부르. 스위스에서 만난 '작은 프랑스'에서 여행자는 타임머신을 타고 중세를 여행하는 듯하다. ¤

위 | 프리부르는 1157년 자링겐의 베르톨드 5세가 세운 도시로 1481년에 스위스 연방에 가맹됐다.
아래 | 사린 강이 휘돌아 나가는 프리부르의 도시 전경.

함박눈을 맞고 있는 프리부르 분수대 조각상.

## 천재 음악가 모차르트의 선율이 살아 흐르는, 오스트리아 '잘츠부르크'

EUROPE | o3z | AUSTRIA

아직도 선명하다. 부를 줄 아는 노래가 하나도 없다는 아이들에게, 가장 친절하고 아름다운 목소리로 마리아가 〈도레미송〉을 가르쳐 주던 장면. 파란 하늘 아래 드넓은 풀밭, 그 위에서 아이들이 난생 처음 노래를 배우고 자유를 만끽하는 장면에 얼마나 전율이 일던지. 폭풍과 번개에 놀라 잠깬 아이들을 달래며 마리아가 불렀던 〈My Favorite Things〉은 또 얼마나 달콤했던지. 잘츠부르크를 배경으로 한 영화 〈사운드 오브 뮤직〉 이야기다. 15년이 지났어도 이 영화와 노래 소리는 기억 속에 그리고 귓가에 여전히 생생하다.

오스트리아 빈에서 3시간 남짓 걸리는 잘츠부르크. 도시 한가운데로 잘자흐 강이 흐르고 삼면이 숲으로 둘러싸인 이 도시는, '소금'을 의미하는 'Salz'와 산을 의미한 'Burg'에서 그 이름이 유래했다. 이름에 걸맞게 잘츠부르크는 유럽 전역에 소금을 공급하면서 막대한 부를 축적했다. 그리고 그 부를 바탕으로 종교와 예술을 화려하게 꽃피웠다. 무엇보다 잘츠부르크가 세계 역사에서 주목을 받았던 것은 모차르트라는 걸출한 천재 음악가를 배출했기 때문이다. 모차르트 덕분에 잘츠부르크는 '소금의 도시'에서 '음악의 도시'로 이미지를 바꿨다.

　모차르트가 25살이 될 때까지 살았다는 잘츠부르크. 천재 음악가 모차르트의 선율은 옛 시가지의 작은 골목길 위에 생생히 살아 흐르고 있다. 잘츠부르크에서 가장 번화한 게트라이데 거리에 들어서면 도시의 활기가 느껴진다. 좁은 골목길에 북적이는 사람들 때문이다. 이렇게 많은 사람들이 모여든 것은 잘츠부르크의 중심이기 때문이기도 하겠지만, 모차르트의 생가가 있기 때문이기도 하다. 게트라이데 거리 9번지의 생가는 현재 모차르트 기념관으로 개조되어 여행객을 맞이하고 있다. 총 4층으로 된 기념관에는 그가 생전에 사용했던 바이올린, 피아노, 침대, 그리고 아버지와 주고받았던 편지가 전시되어 있다. 모차르트 광장에는 모차르트 박물관도 있다. 이곳에서는 그가 사용하던 시계와 악기를 비롯해 그가 직접 그린 악보도 감상할 수가 있다.

　기념관과 박물관은 유물을 통해 모차르트의 숨결을 느끼기에 좋은 장소다. 그렇다면 게트라이데 거리의 카페는 어떨까. 향긋한 커피 한 잔을 마시며 카페에 흘러나오는 모차르트의 음악을 감상해 보는 것, 그것 역시 모차르트를 느끼는 아주 감성적이고 유쾌한 방법이 된다. 시대를 거슬러 아주 오래전, 모차르트도 이 거리에 있는 한 카페에 앉아 차를 마시고, 사람들과 어울리며 세상에 대한 고뇌와 음악에 대한 열정에 관하여 밤새도록 토론을 벌였을 것이기 때문이다.

　모차르트의 명성에 가려져 있기는 하지만, 잘츠부르크엔 다른 볼거리들도 많다. 잘자흐 강 북동쪽에는 사시사철 꽃의 향연이 펼쳐지는 미라벨 정원이 있다. 강 건너편에는 대성당도 있다. 그리고 도시의 가장 높은 곳에 위치한 호엔 잘츠부르크 성이 있다. 도시 어디에서나 볼 수 있을 만큼 멋진 위용을 자랑하는 이 성은, 〈사운드 오브 뮤직〉첫 장면의 배경으로 유명하다. 이 성은 1077년 게브하르트 대주교가 독일의 공격에 대비해 만들기 시작한 것으로 17세기에 이르러서야 완성이 되었다. ☼

영화 〈Sound of Music〉의 무대 잘츠부르크. 천재 음악가 모차르트의 고향이기도 하다.

잘츠부르크 성에서 내려다본 구시가지 전경.

모차르트 생가에서 내려다본 게트라이데 거리의 모습.

게트라이데 거리에서만 볼 수 있는 이색적인 간판들.

잘츠부르크가 낳은 천재 음악가 모차르트. 그는 이곳에 22년을 살다가 오스트리아 수도 빈으로 이주했다.

천재 음악가들의 영원한 안식처, 오스트리아 '빈'

EUROPE | o33 | AUSTRIA

마리아 테레지아 여왕이 거주 하던 쉔부른 궁전은 모차르트가 6살 때 그녀 앞에서 연주회를 가졌던 곳이다.

프랑스 파리의 몽마르트르가 화가들의 영원한 안식처라면 오스트리아 빈은 음악가들의 영원한 안식처다. 세기적인 음악가 다섯이 이곳에 묻혀 있기 때문이다. 공항으로부터 오스트리아 빈 시내로 들어가는 길에서 만나게 되는 중앙 묘지. 바로 그곳에 오스트리아 잘츠부르크 출신의 모차르트, 독일 본 출신의 베토벤, 그리고 빈 근처에서 태어난 슈베르트, 그리고 브람스와 요한 슈트라우스 등 그 이름만으로도 위대한 음악가들이 음악에 대한 마지막 열정을 불태우고 영원한 안식에 들었다.

도시 빈에 흐르는 풍요로운 음악적 기운은 합스부르크 왕가의 수준 높은 안목과 아낌없는 지원이 낳은 결과이다. 특히 '철의 여제'로 불리는 마리아 테레지아의 역할이 없었다면 오늘날 오스트리아의 예술은 세계적인 수준으로 도약하지 못했을 것이다. 그녀는 특히 음악 분야에 관심을 많아서 빈의 쉔브룬 궁전에 훌륭한 음악가들을 초청해 많은 연주회를 열었다고 한다. 그중에서도 6살 난 천재 소년 모차르트를 초청해 피아노 연주회를 연 후 그를 자신의 무릎에 앉히고 칭찬을 아끼지 않았다는 일화는 유명하다.

그렇게 아낌없는 지원 속에서 빈은 음악의 도시로 성장하였다. 유수의 음악가들이 이곳에서 마지막 열정을 불태울 수 있었던 것도 음악을 할 수 있는 기반이 마련되어 있었기 때문이었다. 그 음악적 열정은 이제 160년의 역사와 전통을 자랑하는 빈 필하모닉 오케스트라로 계속해서 이어지고 있어, 당분간 음악의 도시란 명성은 사라지지 않을 듯하다.

그런가 하면 빈에서는 화가들의 자취도 느낄 수 있다. 빈은 구스타브 클림트와 에곤 쉴레 등 훌륭한 화가들을 배출한 도시이기도 하다. 빈의 벨베데레 궁은 오스트리아 출신 화가들의 작품을 볼 수 있는 곳이다. '전망 좋은 건물'이라는 뜻의 벨베데레 궁에는 우리가 너무나도 좋아하는 클림트를 비롯하여 쉴레 등 19세기 말부터 20세기 초에 활동한 오스트리아의 대표적 화가들의 작품이 전시되어 있다. 이곳에서 단연 인기 있는 작품이라면 클림트의 1907년 작 〈키스〉가 되겠다. '황금빛의 마술사'가 그린 그

지나치는 거리에서도 중세의 우아함이 느껴지는 빈의 구시가지.

위 | 빈의 상징이자 오스트리아 최대의 고딕양식의 건물, 슈테판 대성당
아래 | 65년간의 공사기간을 거쳐 약 1359년에 완성된 슈테판 대성당의 내부.

림답게 금빛으로 황홀하게 빛나는 이 그림 앞에서 사람들은 떠날 줄을 모른다.

    56살까지 독신으로 살았던 클림트는 〈키스〉에 등장하는 주인공보다 더 로맨틱한 사랑을 했던 희대의 바람둥이로 유명하다. 그가 죽자마자 14명의 사생아들이 어머니를 대신해 친자 소송을 벌였을 정도다. 그러나 화려하고 로맨틱한 분위기의 그림과는 달리 그의 실제 생활은 가난 그 자체였단다. 크리스마스 때 집안에 빵 한 조각이 없었을 정도로 말이다. 정작 본인은 그렇게 빈곤하게 살다갔지만 훗날 그의 작품 〈아델레 블로흐 바우어 부인의 초상〉은 1억 3,500달러, 우리 돈으로 약 1,300억 원에 팔렸다고 하니 참 아이러니하다.

    도나우 강이 돌아나가는 평화로운 도시, 빈. 이곳은 베토벤, 모차르트, 슈베르트를 비롯한 천재 음악가들과 클림트, 쉴레 등의 위대한 화가들이 남겨 놓은 유산 때문에 언제나 낭만적이다. 고풍스런 건물 한 귀퉁이의 어느 노천카페에 앉아 아름다운 클래식을 들으며 아이스크림 한 스푼 띄어진 그윽한 비엔나 커피를 마시는 순간이야말로, 여행자에게 가장 여유롭고 행복한 순간이 되지 않을까.

'아름다운 샘'이란 의미의 화려한 쉔브룬 궁전

신시청사 앞 잔디밭에서 한가롭게 시간을 보내고 있는 시민들.

한 송이 에델바이스 같은 알프스 위의 소국小國, 리히텐슈타인 '파두츠'

EUROPE | 034 | LIECHTENSTEIN

리히텐슈타인은 오스트리아 합스부르크가의 리히텐슈타인 후작이
신성로마제국의 의회에 참석할 권리를 얻기 위해 개인적으로 사들인 땅이 그 기원이다.

서울 면적의 1/4에 해당하는 작은 땅, 하지만 국민소득 3만 불을 자랑하는 부강한 나라, 리히텐슈타인. 오스트리아, 스위스와 접해 있으며, 로마 안의 바티칸 시국처럼 '소국小國'으로 분리되는 이 나라는 우리에겐 다소 낯설지만, 왕족 이외에는 빈부의 차가 거의 없고 실업과 범죄가 없는 평화로운 나라로 유명하단다. 만년설이 녹지 않는 알프스의 한 귀퉁이에서, 푸르른 들판에 핀 한 송이 에델바이스처럼 우아하고 고고하게 자리하고 있는 리히텐슈타인으로 여행을 떠나 보자.

작은 고추가 맵다 했던가. 리히텐슈타인은 인구 3만의 작은 나라지만 한 해 국제 특허를 1,000건 이상 출현할 정도로 창의성과 독창성이 우수하다. 세계에서 살기 좋은 나라를 선정할 때마다 스위스와 함께 1,2위를 다툴 만큼 경치가 수려하여, 여름이나 겨울이면 유럽인들의 휴양 국가로 각광을 받고 있다. 예술가들도 리히텐슈타인을 사랑했다. 불멸의 천재 악성 베토벤이 그 대표적 예이다. 그는 이곳에 머물면서 리히텐슈타인의 공비인 요제피네 소피아에게 직접 피아노를 가르쳐 주었으며, 그녀에게 〈내림 마장조 소나타 op.27-1〉을 헌정하기도 했다. 이미 고인이 된 미국의 팝 황제 마이클 잭슨도 우연히 리히텐슈타인의 예쁜 엽서를 보고 이곳이 집을 마련한다고 해서 이곳에 세인의 관심을 산 적도 있다.

아직까지 국왕이 다스리는 입헌군주제를 유지하고 있는 리히텐슈타인은, 오스트리아 합스부르크가의 귀족인 리히텐슈타인 후작이 사들인 작은 땅이 현재의 소국으로 발전한 것이다. 그가 신성 로마 제국의 의회에 참석할 권리를 얻기 위해 개인적으로 사들인 땅이 하나의 나라로 발전했다니, 그 국가의 기원이 재미있다.

리히텐슈타인은 국토의 2/3가 중앙 알프스 산맥의 일부인 레티콘 대산괴의 험준한 산들로 이루어져 있다. 특히 수도인 파두츠는 2,000m가 넘는 알프스 산들로 둘러싸여 있다. 여행자들은 파두츠를 통해 알프스의 신비 속으로 한 걸음 더 깊이 들어갈 수 있다. 파두츠 여행은 파두스 성에서부터 시작된다. 현재 한스 아담스 국왕 가족이 머물고 있는 성은 리히텐슈타인을 대표하는 상징이자, 파두츠 시내 어디에서나 볼 수

위 | 리히텐슈타인 왕자가 운영하는 와인 샤토.
아래 | 예술품을 좋아하는 파두츠 사람들은 시내 곳곳에 조형물들을 전시해 놓았다

있는 랜드마크이다. 높은 언덕 위에 요새처럼 우뚝 서 있는 파두츠 성은 14세기에 지어졌는데, 한때는 허름한 창고로 이용된 적도 있다고 한다.

현재 이 성은 내부가 일반인에게 개방되지는 않지만, 이곳에 오르면 시내를 한눈에 볼 수 있다는 이유 때문에 여행자들은 이 성의 언저리라도 꼭 오르고야 만다. 마을의 아담한 골목길을 따라 동화 속에서 튀어나온 듯한 예쁜 집들을 지나면, 우거진 숲 사이로 좁은 산책로가 나온다. 이 길을 따라 20여 분 정도 가파르게 오르면 서서히 라인 계곡이 보이기 시작한다. 왕자가 운영한다는 포도밭이 펼쳐지고, 마을은 지붕들로 울긋불긋하게 물들어 있다. '목가적'이란 말이 무엇을 의미하는지 단박에 알 수 있는 풍경이다.

파두츠의 시내는 걸어서 모두 둘러볼 수 있는 만큼 아주 작아서 사실 볼거리가 많지는 않다. 그래도 여행자들이 많이 찾는 곳이 있으니, 바로 국립 미술관과 우표 박물관이다. 역대 국왕들의 소장품들이 전시되어 있는 국립 미술관은 루벤스와 렘브란트의 작품이 많아, 그 화가들의 팬을 자청하는 여행자에겐 빠뜨릴 수 없는 필수 코스다. 그런가 하면 리히텐슈타인의 우표 박물관은 세계적으로 유명한 곳이다. 리히텐슈타인은 아름답고 독특한 우표를 찍어 내는 나라로도 유명한데, 국가 재정 수입의 1/3이 이 우표에 의해 충당된단다. 그런 우표의 나라답게 우표 박물관에는 세계 최초의 우표는 물론, 17~18세기 유럽 왕실에서 사용한 우편물, 중세 시대 우편물 운송 수단, 우체부의 복장 등이 전시되어 있어 세계의 우표 역사를 한눈에 볼 수 있다.

알프스 위의 에델바이스같이 단아하고 아담한 나라 리히텐슈타인. 넣을 수만 있다면 주머니 속에 꼭 감춰서 가져오고 싶은 작은 나라. 영원히 이 나라의 아름다움이 사라지지 않았으면 좋겠다. ▫

알프스의 맑은 정기가 머무는 파두츠.

모스타르는 헤르체코비나의 수도로 2천 년의 역사를 가진 고풍스러운 도시이다.

동유럽에 핀 이슬람의 꽃,
보스니아 헤르체고비나 '모스타르'

크로아티아 두브로브니크에서 북서쪽으로 150km 떨어진 모스타르는 유럽에서 '작은 터키'로 불리는 보스니아 헤르체코비나 연방의 수도이다. 세르보크로아티아어로 '오래된 다리', '낡은 다리'라는 뜻을 가진 모스타르는 하루에 다섯 번씩 이슬람의 코란이 울려 퍼지는 무슬림의 도시이기도 하다. 15세기 오스만 제국에 의해 400년간 지배를 받았기 때문인데, 현재 인구 약 12만 명 중 50%가 무슬림이라고 한다. 하지만 세르비아 정교를 믿는 세르비아인과 가톨릭을 믿는 크로아티아인이 각각 17%를 차지하고 있기도 하다. 지난했던 보스니아 내전은 바로 이 서로 다른 민족과 종교들 사이에 벌어진 전쟁이었다.

모스타르에는 네레트바 강을 사이에 두고 북쪽에는 가톨릭을 믿는 크로아티아인들이, 남쪽에는 이슬람을 믿는 보스니아인들이 살아가고 있다. 모스타르는 보통 무슬림이 거주하는 모스크 주변을 말하는데, 사라예보와 크로아티아의 넓은 포도밭으로 둘러싸여 있다. 모스타르에는 전쟁의 상흔이 깊게 남아 있다. 많은 모스크가 이미 부서졌고, 도시의 상징이었던 아치형 다리 스타리 모스트도 전쟁 때 파괴되었다가 종전 후 재건되었다. 건물 외벽에 마치 점무늬처럼 새겨진 것도 바로 총탄의 흔적이다.

전쟁으로 많이 파괴되긴 했지만, 모스타르는 로마 시대에 지어진 성과 성당, 1556년 건설된 석조 다리 스타리 모스트, 터키령 시대에 건축된 여러 개의 모스크 등 서로 다른 시대의 각기 다른 유적지가 많이 포진해 있다. 유적뿐만이 아니다. 이슬람풍 가옥, 지중해풍 가옥, 서유럽풍 가옥 등 집들의 형태도 다양하다. 동서양의 독특한 건축물들이 혼재된 풍경 덕분에 모스타르는 '작은 터키'라 불리며, 세계문화유산에 등재되었다.

모스타르에 도착하면 눈에 제일 먼저 들어오는 것이 스타리 모스트다. 폭이 좁고 물살이 매우 빠른 네레트바 강 위에 세워진 이 다리는 원래는 나무로 만들어진 것이었다. 그러다 15세기 오스만 튀르크족이 유입되면서, 이스탄불의 유명한 건축가 신난에 의해 폭 4m, 길이 30m, 높이 27m의 석조 다리로 탈바꿈된 것이다. 스타리 모스트는 유럽에서 이슬람 양식으로 지어진 다리 중에서도 가장 아름답다고 평가받는다.

　　스타리 모스트는 의미가 큰 다리이다. 서로 다른 종교와 문화의 화합과 공존을 상징하기 때문이다. 모스타르에는 네레트바 강을 중심으로 가톨릭의 크로아티아인과 이슬람의 보스니아인이 서로 다른 종교와 문화를 유지하면 공존하고 있었다. 다리는 그 두 문화를 연결하는 통로였다. 하지만 내전이 발생하고 전쟁 중 파괴되었다. 전쟁이 끝나고 주민들에 의해 바로 복원되긴 했지만, 주민들의 가슴 속에 남은 상처는 바로 치유되지 못했다. 지금도 이 다리 동쪽에는 "Don't forget 1993"이라고 새겨진 돌이 있다고 한다.

　　이제 스타리 모스트는 크라이티아인과 보스니아인만을 연결하는 다리가 아니라, 현지인과 이방인을 연결하는 소중한 다리가 되었다. 이 스타리 모스트를 보기 위해 유럽 전역에서 하루에도 수천 명의 관광객들이 모스타르를 찾기 때문이다. 특히 여름 성수기에 다리 위는 사람들로 인산인해를 이뤄 앞으로 한 발자국 나아가는 게 어려울 정도다. 스타리 모스트를 즐기는 또 다른 방법은 바로 강 주변에 즐비한 카페나 레스토랑에서 감상하는 것이다. 네레트바 강의 시원한 물줄기 소리를 들으며 다리 위를 오가는 여행객들을 보는 것도 참 재미있다.

　　다리에서 메흐메드 파샤 모스크가 있는 길로 들어서면 모스타르의 중심인 브라체 페지카 거리가 나온다. 이 거리는 왜 모스타르가 '작은 터키'라 불리는지 한눈에 보여 준다. 이슬람풍의 노래가 흐르고 널찍한 카펫과 터키 국기가 바람에 휘날리고 있는 모습이 마치 이스탄불의 골목길 같다. 거리를 장식한 기하학적 문양, 그리고 투르크 전사를 연상케 하는 사람들의 복장이나 생김새가 이색적이다. 50m가 채 되지 않는 짧은 거리지만 동유럽에서 터키를 만나는 이색적인 경험을 하기에는 충분한 거리가 아닐까 싶다. ¤

위 | 1993년 내전의 상처를 딛고 관광 도시로 발전하고 있는 모스타르.
아래 | '작은 터키'답게 구시가지 중심 거리에는 이슬람 풍의 건축물들 가득하다.

모스타르는 네레트바 강을 중심으로 왼편에는 크로아티아인들이,
오른편에는 터키계 무슬림들이 거주한다.

아시아와 유럽, 동양과 서양, 이슬람교와 그리스도교가 만나는, 터키 '이스탄불'
EUROPE | o36 | TURKEY

　　동로마 제국의 영화를 간직한 이스탄불은, 보스포러스 해협을 사이에 두고 한 쪽은 유럽, 다른 한 쪽은 아시아로 속하는 재미난 도시이다. 지리상으론 그렇게 두 대륙으로 나뉘지만, 사실 이스탄불은 아주 오래전부터 아시아와 유럽을 잇는 교두보였다. 역사적으로는 그리스, 로마, 이슬람 등 다양한 문화권이 이곳을 지배한 탓에 각종 문화가 융합되어 독특한 분위기를 만들어 놓은 곳이기도 하다. 그래서 이스탄불은, 역사학자 아놀드 토인비가 "인류 문명이 살아 있는 거대한 옥외 박물관"이라고 평할 정도로, 역사적으로, 문화적으로, 종교적으로 다양한 동서양의 볼거리들이 도시를 가득 메우고 있다.
　　이스탄불에 처음 자리를 잡은 민족은 고대 그리스인들이었다. 여러 개의 폴리스 가운데 하나였던 메가리아는 실크로드의 종착지로서 동서양 상인들의 교류가 활발한 점에 주목, 상업 도시로 성장시킬 목적으로 이곳을 식민지 삼았다. 이때 메가리아의 지도자였던 비자스의 이름을 따서 이 도시를 비잔티움이라 불렀다고 한다. 그러다 로마인들이 이곳을 장악했다. 기독교 문명이 이곳을 물들이기 시작한 것도 로마인들에 의해서다. 330년 동로마 제국의 콘스탄티누스 대제가 이곳으로 수도를 옮겼는데 도시 이름도 자연스럽게 대제의 이름을 딴 콘스탄티노플로 바뀌었다. 이후 콘스탄티노플은 동로마 제국의 수도로 천 년 동안이나 융성했다. 하지만 1453년 오스만 제국의 술탄 메멧 2세의 공격을 받으면서 화려했던 옛 명성을 역사 속에 묻어야 했다. 새로이 이슬람이 지배하기 시작한 콘스탄티노플은 또다시 이스탄불로 이름이 바뀌었다. 도시명의 어원은 정확하게 밝혀지지 않았지만, 이스탄불이란 의미가 '이슬람교도가 많은 도시' 쯤으로 추정된다고만 알려져 있다.

그리스와 로마와 이슬람의 지배를 받으며 1,600여 년에 걸쳐 수도 역할을 했던 이스탄불은 이제 더 이상 수도가 아니다. 1920년대 초 케말 파샤가 터키의 수도를 이스탄불에서 앙카라로 옮겼기 때문이다. 하지만 기나긴 수도의 역사는 여전히 이스탄불을 빛나게 하고 있다. 여러 민족의 지배는 도시 이름만 다양하게 남긴 게 아니었다. 각 민족 고유의 문화와 종교는, 이스탄불에 다채로운 건축물과 예술품을 남겼다.

이스탄불은 보스포러스 해협과 골든 혼 그리고 마르마라 해에 의해 베욜루 지구, 이스탄불 지구, 위스퀴다르 지구의 세 지역으로 나뉜다. 베욜루 지구는 금융과 상업의 중심지로서 고급 호텔과 레스토랑이 들어서 있다. 이스탄불 지구는 명소가 많아 여행의 중심지가 된다. 각종 사원과 성당, 궁전, 박물관 그리고 이스탄불 대학까지 있기 때문이다. 위스퀴다르 지구는 보스포러스 해협을 사이에 두고 전형적인 터키 양식의 이슬람 사원과 신흥 주택지가 공존하고 있는 곳이다.

이스탄불에서 꼭 봐야 할 두 가지가 있는데, 바로 술탄 아흐메트 사원과 아야 소피아 성당이다. 우선 술탄 아흐메트 사원은 터키를 대표하는 이슬람 사원이다. 1616년 술탄 아흐메트 1세가 세운 이 모스크는 터키 최대 규모를 자랑한다. 또한 99가지 파란색 타일을 무려 2만 1,000여 장 사용하여 장식한 덕분에 '블루 모스크'란 별칭으로 더 유명하다. 그 파란빛은 특히 밤에 더 황홀한 빛을 낸다.

아야 소피아 성당은 그리스어로 하기아 소피아 성당이라고도 불린다. '하기아'라

술탄 아흐메트는 이스탄불 관광의 중심지이다. 특히 술탄 아흐메트 1세가 1616년에 세웠던 블루모스크는 이스탄불의 최대 자랑거리이다.

위 | 톱카프 궁전. 이곳에는 강성했던 오스만 제국이 세계 곳곳에서 거둬들인 진기한 보물이 가득하다.
아래 | 비잔틴 시대의 예술의 집대성된 성 소피아 성당.

위 | 손으로 누르면 푹 꺼지는 빵. 갓 구어 낸 빵 냄새가 향긋하다.
아래 | 일명 '수피춤'이라 불리는 춤. 한 자리에서 빙글빙글 돈다. 이집트에도 비슷한 춤이 있다.

화려함의 극치를 보여 주는 성 소피아 성당 내부.

는 말은 '성스럽다'를 의미해서, 우리에겐 성 소피아 성당이라고 불리기도 한다. 아야 소피아 성당은 360년에 세워진 교회가 그 모체인데, 역사가 아주 화려하다. 비잔틴 제국 시대에는 그리스 정교의 대성당으로 사용되었다가, 오스만 제국이 지배하면서는 이슬람 사원으로, 그리고 현재는 박물관으로 쓰이고 있는 것이다. 이곳은 비잔틴 시대의 모자이크 벽화가 아주 유명한데, 오스만 제국이 이 성당을 허무는 대신 덧칠하여 사용한 덕분에 파괴되지 않고 오랫동안 감춰져 있다가, 20세기에 이르러 빛을 보게 되었다고 한다. 덕분에 아야 쇼피아 성당은 비잔틴의 화려한 모자이크와 이슬람 특유의 기하학적 무늬가 만나 가장 특별하고도 의미 있는 성당이 되었다.

그 외에도 1453년 오스만 제국 술탄 메멧이 콘스탄티노플을 정복한 후 지은 오스만 제국의 첫 번째 궁전 톱카프 궁전, 호박과 카펫으로 유명한 재래시장, 중국과 프랑스와 함께 세계 3대 요리로 인정받은 터키 요리 등 이스탄불은, 여행자들을 위해 많은 것을 준비해 놓고 있다. 이스탄불에서 아시아와 유럽을 넘나들면서 동양과 서양, 그리고 그리스교와 이슬람교를 동시에 만나는 일은, 그래서 즐겁다. ✡

스머프의 집을 닮은 버섯 모양의 기암괴석, 터키 '카파도키아'

EUROPE | 037 | TURKEY

카파도키아는 터키의 아나톨리아 중앙부 기암 지대 전체를 일컫는 지명이다.

하얀 모자에 하얀 바지를 걸친 스머프들이 늘 가가멜에 쫓기던 흥미진진한 만화 시리즈 〈개구쟁이 스머프〉. 그 만화에서 주인공 스머프들이 "랄랄라 랄랄라 랄라랄라라" 노래하며 들어갔던 버섯 같은 집이 생생하다. 그런데 그 집을 꼭 닮은 곳이 있으니, 바로 터키의 카파도키아다. 하늘을 향해 뾰족하게 솟아오른 기기묘묘한 바위기둥들에 자그마한 창문이 나 있는 모양이 꼭 스머프들의 집인 듯하다. 그런데 알고 보니 사실은 작가가 바로 이 카파도키아에서 〈개구쟁이 스머프〉의 모티브를 얻었다고 한다.
	터키 아나톨리아 지방에 위치한 카파도키아는 남한 1/4 크기의 땅에 버섯 바위들이 솟아오른 아주 이색적인 모습을 지닌 곳이다. 풍경이 예사롭지 않은 이곳의 지형은 활발한 화산 활동과 대규모 지진의 결과다. 화산에서 분출물이 퇴적하여 굳은 응회암이 자연의 풍화작용으로 오늘의 모습이 되었다. 응회암은 딱딱하지 않기 때문에 간단한 도구만 있으면 쉽게 굴을 팔 수 있어 사람들이 살 수 있었다.
	카파도키아는 실크로드의 중간 거점 도시이자, 초기 기독교 형성에 중요한 역할을 담당했던 곳이다. 기암괴석에 만들어진 동굴 도시는 8세기 전후 이슬람 세력에 의해 한껏 움츠러든 기독교인들에게 피난처이자, 자신들 고유의 문화와 정체성을 지킬 수 있는 은신처가 되었다. 덕분에 기독교인들은 이곳에서 공동체 도시를 만들 수 있었다.
	실제로 카파도키아의 관문격이 괴뢰메에서는 바위 동굴 속에 지어진 교회와 수도원을 볼 수 있다. 9세기경 이슬람교도의 탄압이 심해지자 기독교인들이 바위를 파서 동굴을 만들고 그 안에 교회를 만들었던 것이다. 샌달 교회, 다크 교회, 성 바르바라 교회 등을 포함, 현재 이곳에는 400~500개의 동굴 사원이 있다고 한다. 이들 교회 벽면은, 그리스도의 생애와 죽음, 십자가의 고난과 부활 등을 주제로 한 성화들이 화려하게 장식하고 있다.
	괴뢰메가 동굴 위에 지어진 건축으로 유명하다면, 데린구유는 거대한 지하 도시로 유명하다. 데린구유는 성인 몇 명이 겨우 다닐 수 있을 만큼 좁은 길이 거미줄처럼 얽혀 있는데, 현재까지 동굴 방, 예배당, 그리고 수도원으로 구성된 지하 8개 층이 발굴되었다. 데린구유에서 가장 놀라운 점은 훌륭한 환기 시스템이다. 수직 깊이 총 85m에 달하는 지하 도시에 사람이 살 수 있었던 것은 바로 이 갱도에 갖추어진 52개의 환기 시스템 덕분이다. 그 기술은 현대인의 눈에도 그저 놀랍게만 보인다.

데린구유는 맨 위 3개 층만이 거주지로 사용되었고 낮은 층들은 위급 상황에 사용되거나 예배당, 혹은 저장 공간으로 쓰였다고 한다. 집집마다 부엌, 화장실, 식당, 욕실, 무기 저장고, 약 3만 리터의 물을 저장할 수 있는 물탱크, 그리고 마구간이 갖추어져 있는 것이 인상적이다. 데린구유에 있는 지하 수도원은 정신병원으로도 사용되었는데, 내부에는 공동 연구소, 성수반, 진료소, 정신병자들이 치료를 받던 방 등이 있다. 또한 지하 도시의 중앙에는 현재 사원으로 사용되고 있는 현무암으로 지어진 예배당이 있다. 16~17세기에 지어진 것으로 추정되는 이 예배당에는 예수, 마리아, 천사, 그리고 성자들의 그림이 보관되어 있다.

카파도키아는 신의 손길과 인간의 손길이 함께 만들어 놓은 거대한 예술 작품이다. 신이 버섯 모양의 큰 틀을 주재하고, 그 위에 혹은 그 아래에 인간이 굴을 파서 집과 교회를 짓고 들어가 살았다. 이제는 그곳에 여행자들을 위한 숙소가 들어서고 있다. 과거 기독교인들이 그랬던 것처럼 굴을 파서 만든 숙소가 말이다. 스머프들의 집에서 하룻밤 묵어가는 것, 그것은 카파도키아에서만 누릴 수 있는 행운이다. ☼

카파도키아라고 하면 붉은색 사암과 소금 기둥들이 솟아 있는 풍광이 떠오른다.

송이버섯처럼 하늘을 향해 솟아 있는 파샤바 바위.

스머프의 집을 닮은 버섯 모양의 기암괴석들.

기독교인들은 종교적인 핍박을 피해 이곳에 흘러 들어와 굴을 파고 집과 교회를 지어 살았다.
그것이 유명한 카파도키아의 지하 동굴이다. 사진은 비잔틴 시대의 성화.

브라티슬라바는 헝가리 제국에 속해 있을 때부터 슬로바키아가 독립할 때까지 줄곧 수도 역할을 해왔다.

음악 축제가 끊이지 않는 음악의 도시, 슬로바키아 '브라티슬라바'

EUROPE | 038 | SLOVAKIA

'음악의 도시' 오스트리아 빈에서 50km 정도 떨어져 있는 브라티슬라바는 수준 높은 음악가들의 이야기로 명성이 자자하다. 독일의 천재 음악가 베토벤은 브라티슬라바에서 〈월광〉을 작곡했고, 피아노의 천재 리스트 페렌츠는 아홉 살의 나이에 경이적인 피아노 솜씨를 선보여 '피아노의 천재'라는 칭호와 박수갈채를 받았다. 또한 금세기 최고의 소프라노 에디타 그루베로바의 아리아는 브라티슬라바를 황홀하게 빛낸다. 이 외에도 작곡가이자 지휘자인 라이테르 뤼도비트, 피아니스트 요한 네포무크 후멜 등 브라티슬라바 출신의 음악가들이 도시를 빛내고 있다.

오스트리아의 남역에서 기차를 타고 1시간 남짓 달리면 브라티슬라바에 도착한다. 독일어로는 '프레스부르크', 헝가리어로는 '포조니'라 불리는 브라티슬라바는 켈트족과 로마인의 의해 생겨난 요새 도시로, 8세기 이후 슬라브족이 정착하면서 점차 도시다운 면모를 갖추게 되었다. 지금은 슬로바키아의 수도이지만 과거에 헝가리의 영토였던 탓에 헝가리 최초의 대학 아카데미 아이스트로 폴리타나가 있다. 브라티슬라바는 재미있게도 헝가리와 오스트리아의 피난처가 되기도 했다. 16세기 오스만 제국이 헝가리의 수도 부다페스트를 점령했을 때 헝가리 왕가가 수도를 이곳으로 옮겨 와 약 250여 년 동안 머물렀던 것이다. 또한 합스부르크가의 마리아 테레지아는 오스트리아 헝가리 제국 시절 프랑스와 독일의 바이에른 군대의 위협을 피해 이곳으로 잠시 피난을 오기도 했다고 한다.

보통 브라티슬라바 여행은 이 도시에서 가장 높은 곳에 위치한 고성을 구경한 뒤 구시가지로 내려와 시청사, 박물관, 성 마르틴 교회, 호르반 광장 등의 다양한 볼거리들을 보는 순서로 이루어진다. 찬란한 역사를 간직한 브라티슬라바 성은 브라티슬라바 시민의 자랑이다. 강 수면으로부터 100m 높이에 세워진 이 성은 12세기 로마네스크 양식으로 세워졌으나, 15세기에 고딕 양식의 요새로 다시 지어졌다. 그 후 오스만 제국의 침략에 대비해 성 모퉁이에 4개의 탑이 증축됐다. 그러나 1811년의 대형 화재로 성의 많은 부분이 소실되었다가 제2차 세계대전이 끝난 후 개축하여 오늘의 모습을 갖추었다. 현재 이곳은 슬로바키아 의회와 시립 박물관으로 사용되고 있다.

높은 성에서 계단과 좁은 골목길을 따라 내려오면 과거 합스부르크가 통치자들의 대관식을 거행했던 성 마르틴 성당이 나온다. 높이 85m의 첨탑을 가진 대성당은 구시가지를 보호하는 성벽 역할을 하고 있다. 14세기 초에 로마네스크 양식으로 지어져 가장 오랜 역사와 큰 규모를 자랑한다. 이곳에서는 1563년부터 1830년까지 11명의 왕의 대관식이 거행되었는데, 합스부르크 왕가의 최고 실세였던 마리아 테레지아도 이곳에서 왕관을 썼다.

브라티슬라바 성과 성 마르틴 성당이 도시를 대표하는 명소라면, 브라티슬라바의 구시가지 광장은 서민들의 삶을 그대로 보여 주는 명소가 된다. 그리고 바로 이 구시가지 광장에서 환상과 열정의 축제가 열린다. 6월에 열리는 여름문화행사 쿠르투르네 레토에서는 포크 댄스, 전통 음악 연주, 간이 연극에서부터 발레, 음악회까지 공연이 9월까지 펼쳐진다. 또한 10월 초에는 약 일주일간 국제 행사 규모로 브라티슬라바 음악 축제가 열린다. 이 축제에는 유럽 전역에서 모여든 각국 뮤지션들의 다양한 형식의 음악을 들을 수 있다. 특히 국립 교향악단의 공연은 빈 필이나 베를린 필 못지않은 높은 수준의 음악을 선사한다.

브라티슬라바의 고성 혹은 구시가지 광장에서 듣는 클래식 연주는 평생 잊지 못할 좋은 추억이 될 것이다. 고풍스러운 중세 도시를 무대 삼아 울려 퍼지는 아름다운 선율들은 언제나 황홀하기 때문이다. 예술가들의 혼이 듬뿍 담긴 음악을 듣고 있노라면, 왜 브라티슬라바를 가리켜 '음악의 도시'라 말하는지 새삼 깨닫게 된다. ☼

위 | 거대한 직사각형의 모양의 브라티슬라바 성.
아래 | 성 마르틴 성당의 외관 모습. 아래 | 풍요로운 음악 선율이 흐르는 구시가지

베토벤이 〈월광〉을 작곡했던 브라티슬라바 성.

지중해의 하얀 진주, 그리스 '미코노스와 산토리니'

EUROPE | 039 | GREECE

미코노스 섬은 풍광으로는 단연 1순위로 꼽히는 아름다운 섬이다.
전 세계 부자들과 유명 인사들이 즐겨 찾는 세계적인 섬이기도 하다.

그야말로 청백의 향연. 파란 하늘, 파란 바다 그리고 하얀 집들……. 짙푸른 바다 앞에선 지중해의 바람을 따라 하얀 풍차가 시원하게 돌아가고, 마을 어귀에선 느긋한 걸음으로 사람들이 거닌다. 이 모든 풍경이 한 폭의 그림처럼 펼쳐지는 이곳은 바로 낭만의 섬 미코노스와 산토리니! 에게 해의 무수히 많은 섬들 중에서도 풍광으로 치면 단연 1위로 꼽히는 섬들. 여기가 진정 사람 사는 곳이 맞나 의심이 갈 만큼 너무나 아름답다.

미코노스 섬의 이름은 그리스 신화에서 유래하는데 설은 여러 가지가 있다. 대표적인 것으로는 태양신 아폴론의 손자인 미콘스의 이름을 따서 지었다는 설과 신의 제왕 제우스와 그의 아내 에우로페 사이에서 난 첫 번째 아들 미노스의 이름을 따서 지었다는 설이 있다. 미코노스 섬에서 사람이 살기 시작한 시기는 기원전 3천 년경으로 거슬러 올라간다. 이후 전기에는 미노아 문명, 후기에는 미케네 문명으로 불리는 에게 문명이 번성하였다가, 기원전 1천 년경 도리아인들이 그리스 본토로 남하해 오면서 에게 문명은 종말을 맞이하게 된다.

미코노스 섬은 영화〈맘마미아〉의 배경인 동시에 소설『상실의 시대』로도 유명하다. 일본의 인기 작가 무라카미 하루키가 이 섬에서『상실의 시대』원고를 쓰기 시작했다는 것이다. 그런 이유로 미코노스 섬은 일본인 여행자들의 사랑을 한 몸에 받고 있다. 하지만 그 인기는 일본에만 그치는 것은 아니어서 매년 여름이면 세계 각지에서 몰려온 여행자들로 작은 섬의 미로 같은 골목길들은 발 디딜 틈 없이 가득차곤 한다.

사실 미코노스 섬에는 이렇다 할 유적지가 없다. 그럼에도 관광객들의 발길이 끊이지 않는 것은 하얀 집과 파란 대문이 만들어 내는 선명한 색의 대비, 그 독특한 풍경 때문이리라. 그 집들 사이로 꼬불꼬불 이어진 좁은 골목길은 또 얼마나 신비로운지. 미로 같은 새하얀 골목길을 따라 걷다 보면 창문 밖으로 고개를 내민 현지인들과 아기자기한 멋으로 여행자를 유혹하는 가게들과 여유로움 가득한 노천카페 그리고 3~400개에 이르는 작고 소박한 교회들을 만나게 된다. 좁은 골목길 위에서 만나는 모든 것이 이색적이고 이국적이다.

　미코노스 섬의 타운은 여행자들이 가장 오래 머무르는 곳이다. 여행사, 은행, 기념품점과 같은 여행자들을 위한 각종 편의 시설이 몰려 있기도 하거니와, 여행자라면 한번쯤은 들르게 되는 민속 예술 박물관과 하얀 벽 위에 파란 지붕을 얹고 앉아 있는 성 니콜라스 교회도 타운에 위치하고 있다. 그 뿐이랴. 해변에는 이탈리아의 베네치아를 옮겨 놓은 듯한 '리틀 베네치아'도 있다. 여행자들은 리틀 베네치아의 어느 노천카페에 앉아 한가로운 한때를 보낸다. 시원하게 펼쳐진 지중해를 바라보며, 그리고 이제는 미코노스 섬의 상징이 되어버린 카토밀리 언덕 위의 다섯 개의 하얀 풍차를 바라보며…….

　산토리니 섬에 다다르면서 제일 먼저 만나게 되는 풍경은 언덕 위의 하얀 마을이다. 300m 높이의 가파른 절벽 위에 매달려 있는 듯한 집들을 보고 있노라면, 마치 동화 속에 나오는 어느 마을을 보고 있는 듯한 착각에 빠진다. 미코노스 섬에 하얀 집과 파란 대문이 있다면, 산토리니 섬에는 하얀 집과 파란 지붕이 있다. 미코노스 섬과 비슷한 듯 다른 산토리니 섬은, 우리에겐 TV 광고로 더욱 친숙하다. 상큼 발랄한 파란 원피스 차림의 여배우가 자전거를 타고 하얀 골목길 사이를 시원하게 달리던 모 음료 광고 말이다. 그 광고의 배경이 바로 이 산토리니 섬이다.

　산토리니 섬은 '에게 해의 초승달'이란 별명을 갖고 있다. 섬 모양이 마치 초승달을 닮았다 해서 붙여진 별명이다. 원래는 보름달 모양의 원형 섬이었지만 기원전 15세기경 수차례의 대규모 화산 폭발로 섬의 중간 부분이 바다 아래로 가라앉으면서 초승달 모양의 섬이 되었다고 한다. 산토리니 섬의 가파른 절벽과 섬이 감싸고 있는 지름 3km의 칼데라 호수가 바로 그 화산 폭발이 만들어 낸 독특한 지형이다. 섬 곳곳에서 만나는 검은 모래 해변 역시 화산섬의 증거다.

　산토리니 섬에는 피라와 이아라는 두 개의 대표적인 마을이 있다. 피론 항구에서 무려 566개의 계단을 올라야 만날 수 있는 피라는 '산토리니의 명동'이라 불리는 중

지중해의 푸른빛과 섬 위의 하얀 건물이 멋진 풍광을 만들어내는 미코노스 섬

거대한 화산섬 위에 세워진 산토리니 섬

위 | 미코노스 섬이 여성미가 산토리니 섬은 남성미가 느껴진다.
아래 | 햇살을 받아 하얗게 빛나는 미코노스 섬의 교회.

심 도시이다. 카페, 레스토랑, 호텔, 선물 가게, 버스 터미널 등이 모여 있어 언제나 사람들로 북적거리고 활기가 넘쳐난다. 특히 뜨거운 태양이 사그라지고 저녁의 서늘한 기운이 되살아나는 밤이 되면 네온사인과 음악을 찾아 많은 사람들이 이곳으로 몰려든다. 전 세계 각종 장르의 음악이 흐르고 오렌지 빛깔의 네온사인이 춤을 추는 피라의 밤은 언제 봐도 낭만 그 자체다.

이아는 피라에서 버스로 40여 분을 가야 만날 수 있는 작은 마을이다. 산토리니 섬 북단의 절벽 가장 높은 곳에 위치한 이아는 지중해에서 가장 아름다운 석양을 감상할 수 있는 곳으로 유명하다. 하얀 집과 교회와 골목길이 황혼의 붉은빛으로 물들어가는 풍경이란. 하지만 이아가 주는 감동은 거기서 끝이 아니다. 해가 진 이후에 펼쳐지는 보너스! 작고 고요한 마을 위로 달과 별이 반짝이는 밤하늘 역시 산토리니의 여행자라면 결코 놓칠 수 없는 아름다운 풍경이 될 것이다. ✿

신의 도시 그리고 인간의 도시, 그리스 '아테네'

EUROPE | 040 | GREEK

아테네는 여러 교차길 위에 위치한다. 그래서 여러 민족의 문화가 혼재되어 발달하였다.

대단한 근육질에 엄청난 정력으로 하늘과 땅을 통틀어 가장 막강한 권력을 휘둘렀던 제우스, 바람기 끊이지 않는 남편 때문에 질투와 복수로 살았던 헤라, 그 누구도 뛰어넘을 수 없는 아름다움을 간직한 아프로디테, 화살 하나면 누구든 사랑에 빠뜨릴 수 있었던 장난꾸러기 에로스. 낯설지 않은 이 이름의 주인공들은 바로 올림포스 신들이다. 단군 신화만큼이나 우리에게 친숙한 올림포스 신화. 그 신화는 여전히 그리스의 수도 아테네에서 살아 숨 쉬고 있다. 아테네란 도시 이름도 올림포스 12신 중 하나이자 전쟁과 지성의 여신 아테나의 이름에서 유래하였다.

　하지만 아테네가 신들만의 도시는 아니다. 아테네의 기원은 고대 도시 국가 시대로 거슬러 올라간다. 지금으로부터 약 3,000년 전, 그리스에는 작은 규모의 도시 국가인 폴리스들이 형성되기 시작했는데, 그 중에서도 가장 강력하고 민주적인 폴리스가 아테네였다. 매년 수백만 명이 아테네를 찾는 것은 그곳이 신화의 무대 때문이기도 하지만 3천 년이라는 기나긴 인간의 역사가 고스란히 간직되어 있기 때문이기도 하다.

　그런가 하면 아테네는 '공존의 도시'라는 타이틀을 빼고는 이야기할 수가 없다. 유럽과 아시아를 잇는 지리적 위치 덕분에, 그리스는 일찍이 그리스 문화와 오리엔트 문화가 융합된 헬레니즘 문화를 탄생시켰다. 아테네 역시 여러 민족들이 어우러져 살면서 독특한 문화를 만들어 내고 있다. 또한 아테네는 수천 년 전의 과거와 현재가 어색하지 않게 어우러져 존재하는 도시이기도 하다. 파르테논 신전, 아크로폴리스 등의 고고학적 유적지와 세련된 현대 건물이 나란히 서 있는가 하면, 아테네 중심의 플라카 광장에는 시대를 초월한 비잔틴 교회와 모스크 사이로 최신 스타일의 레스토랑이나 카페들이 즐비하다. 특히 해가 진 이후 유흥가 가지나 엑사르히에서 아테나의 흥겨운 밤을 만끽하고 있노라면 하루 사이에 그리스의 기원전과 21세기 사이를 오가는 묘한 쾌감마저 느껴진다.

　아테네를 돌아보는 여행자들의 목적과 코스는 천차만별이겠지만, 그 중에서도 가장 많은 사람들의 지지를 받는 코스는 바로 그리스 문명을 둘러보는 것이 아닐까.

프로필라이아의 중앙 누각은 도리아식으로, 좌우의 날개의 기둥은 이오니아식 기둥으로 만들어졌다.

기원전 5세기에 완성된 파르테논 신전.

오늘날 힘과 부의 면에서는 비록 그리스가 유럽의 변방 국가쯤으로 여겨질지언정, 아테네 유적들에 켜켜이 쌓여 있는 역사만큼은 유럽 그 어느 나라도 따라올 수 없는 높고 중요한 위치를 차지하고 있다.

 코스의 출발점은 제우스 신전이다. 제우스 신전은 아테네의 중심에 위치한 플라카 광장 근처에서 길이 110m, 폭 44m의 거대한 모습을 드러내고 있다. 과거에는 기둥이 104개나 되는 대단한 규모의 신전이었으나, 오랜 전쟁의 결과로 현재는 15개의 기둥만이 쓸쓸하게 남겨져 있다.

 이어 향하는 곳은 그리스 문화의 아이콘이자 세계문화유산에 빛나는 아크로폴리스다. '높은 곳에 있는 도시'를 의미하는 아크로폴리스에 오르기 위해서는 가파른 대리석 계단을 오르는 수고로움이 필요하다. 아크로폴리스에 오르면 아테네 시내가 한눈에 들어온다. 폴리스를 지키는 수호신들의 신전이 왜 아크로폴리스에 세워졌는지 이해가 간다.

 아크로폴리스 입구에는 기원전 432년에서 437년 사이에 지어진 프로 필라이아가 있다. 프로 필라이아는, 중앙 누각은 도리아식으로 좌우 날개는 이오니아식 기둥으로 만들어진 지붕이 덮인 입구를 말한다. 그 입구를 마주하고 있노라면 마치 시간의 문에 서 있는 듯하다. 그 문을 열고 한 발짝 들여놓으면 타임머신을 타고 머나먼 과거 속으로 빨려 들어갈 것 같은 신비로운 느낌이 드는 것이다.

 그도 그럴 것이 이 프로 필라이아를 통과함과 동시에 그리스 신화의 세계가 눈앞에 펼쳐진다. 고대 아테네의 정치가이자 군인이었던 페리클레스가 여신 아테나를 위해 만들었다는 파르테논 신전이 너무나도 늠름하고 장엄한 모습으로 아크로폴리스 중심에 서 있다. 파르테논 신전은 페르시아 전쟁 때 파괴되었으나, 종전 후 조각가 페이디아스 총감독 아래 다시 지어져 기원전 438년에 완성되었다고 한다. 이후 수차례의 전쟁으로 내부는 많이 파괴되었지만, 그 거대한 외형은 실로 2천 년이란 세월이 믿어지지 않을 만큼 위용이 대단하다.

위 | 에레흐테온 신전에 있는 여인상, 카리아티드스.  아래 | 에레흐테온 신전의 우물.

파르테논 신전 옆에는 아테나 신전과 에레흐테온 신전이 이리저리 부서져 초라하게 흔적만 남아 있다. 끊임없이 이어진 전쟁의 역사, 그리고 오랜 세월의 풍파가 만들어 놓은 서글픈 풍경이다.
　아크로폴리스 언덕에서 아테네를 내려다보며 고대 그리스 시대를 상상한다. 올림포스 12신이 기지개를 켠다. 전쟁으로 무너졌던 신전이 웅장하고 장엄했던 원래의 모습을 되찾는다. 그리고 고대 그리스인들이 활기 넘치는 모습으로 아테네를 활보한다. 역사 속에서 그리고 우리의 상상 속에서 아테네는 변함없이, 고대 그리스 문명이 살아 숨 쉬는 진정한 인간의 도시이다. ¤

## 하늘빛을 가득 머금은 시베리아의 푸른 눈, 러시아 '바이칼 호수'

EUROPE | 041 | RUSSIA

    '시베리아의 검은 진주', '시베리아의 성스러운 바다', '자연의 신성한 선물' 등 별명도 많은 바이칼 호수는 1996년 유네스코에 의해 세계자연유산으로 선정되었다. 부랴트인의 말로 '풍부한 호수'를 뜻하는 바이칼은, 호수라고 하기엔 너무나 큰 면적과 엄청난 규모를 자랑한다. 길이가 우리 남한보다 더 길고 지표상에 있는 담수의 1/5를 수용할 수 있을 정도다. 호수 안에는 30여 개 바위섬이 있는데, 그 중 가장 큰 알혼 섬은 한민족의 시원이 된 곳으로 우리에겐 각별한 곳이기도 하다.

    바이칼 호수 길이는 약 636km, 너비는 약 80km에 달한다. 세계 어느 호수와 비교해 보아도 바이칼 호수의 규모는 월등하다. 탕가니카 호수는 바이칼 호수의 반밖에 되지 않고, 라고다 호수 또한 1/23밖에 되지 않는다. 특이한 것은, 바이칼 호로 흘러 들어가는 지류는 336개의 강과 개천인데 반해 호수로부터 흘러나오는 지류는 오직 안가라 강뿐이라는 사실이다.

    바이칼 호수는 그 깊이와 풍부한 수량, 그리고 지리학적 위치 덕분에 자체 정화 작용이 가능하다. 이 호수의 물이 믿기지 않을 만큼 깨끗한 것도 그 때문이다. 배에서 호수 바닥을 내려다보면 50m 아래 물속이 훤히 들여다보여 아찔할 정도라니 그 깨끗함이 상상이 간다. 부랴트인들은 호수의 이 맑은 물을 생명수라 여겼다. 호수 물에 영적인 능력과 치료 효험이 있다고 믿었던 것이다.

바이칼 호수 안에는 수십 개의 섬이 있는데, 그 중 알혼 섬은 여러모로 우리에게 친숙한 섬이다. 알혼 섬에는 유라시아 대륙을 주름잡았던 칭기즈칸의 무덤이 있다는 전설이 있다. 칭기즈칸은 바이칼 호수 근처에서 태어났는데, 죽을 때도 그의 유언에 따라 바이칼 호수 근처에 묻혔다는 것이다. 무덤이 발견되지 않아 아직까지는 사실이 아닌 전설로 전해지지만 말이다.

부랴트인들의 조상이 살았던 알혼 섬에는 우리와 아주 비슷한 전설도 내려온다. "아주 옛날 한 사냥꾼이 알혼 섬을 헤매다가 바이칼 호수에서 목욕을 하고 있는 아리따운 아가씨들을 발견한다. 이들은 하늘에 사는 세 마리의 백조로 호수에 내려와 여자로 환생했는데 이때 사냥꾼이 옷을 감춰 두 명의 여자와 결혼하게 된다. 결국 이들은 11명의 자식을 두었고 그들이 부랴트인의 11개 종족을 이뤘다. 오랜 세월이 지나면서 아내들은 남편에게 옷을 달라고 애원하자 끝내 사냥꾼은 옷을 건네준다. 옷을 받은 아내들은 결국 백조가 돼 하늘로 다시 올라갔다." 어디서 많이 들어본 듯한 이야기. 그렇다. 바로 〈선녀와 나무꾼〉이다. 낯선 이국의 땅에서 우리의 전설을 듣고 있는 것 같아 느낌이 묘하다.

알혼 섬에서는 1,500여 명의 사람들이 후지르라는 마을에 모여 산다. 후지르 마을의 집과 건물들은 대부분 나무를 이용하여 지어졌다. 이곳의 사람들은 오믈이라는 생선을 잡아먹고, 소를 목축해 생업을 이어가는 자연친화적인 삶을 살고 있다. 이들의 모습이 흡사 한국인 같아 놀랍다 했는데, 우리와 같은 우랄 알타이어 계통의 언어를 구사하는 북방 몽골 인종이기 때문이란다. 내려오는 전설, 익숙한 그들의 민속춤과 노래, 우리와 동일한 방법으로 하는 씨름. 아무리 다시 생각해 봐도 한민족과 부랴트인 간엔 깊은 관계가 있는 듯하다. ¤

세계에서 가장 크고 가장 깊은 바이칼 호수.

위 | 칭기즈칸이 태어났다고 전해지는 알혼 섬.　아래 | 은빛으로 반짝이는 바이칼 호수.

한국인들과 생김새가 비슷한 부랴트라인 할머니.

대항해 시대 선원들의 외로움과 고달픔을 담은 노래 '파두', 포르투갈 '리스본'
EUROPE | 042 | PORTUGAL

　　포르투갈 국토를 남북으로 가르며 흐르는 테주 강, 그 하구에 수도 리스본이 있다. 영어로는 리스본이지만 현지인들에게는 '리스보아'라고 불리는 곳. 1255년 코임브라로부터 수도가 옮겨진 리스본은, 일찍이 페니키아인들에 의해 건설된 도시이다. 이후 그리스, 카르타고, 로마, 이슬람 등의 지배를 받으며 이베리아 반도의 항구 도시로 성장하였다. 대서양에 연한 리스본은 여전히 대항해 시대의 꿈과 낭만을 간직하고 있는 듯하다.
　　신은 리스본에 아름다운 자연환경을 주었지만, 동시에 무서운 자연 재앙도 주었다. 1755년 대지진과 그에 따른 화재와 해일로 시가지의 2/3 이상이 파괴되었던 것이다. 단 6초의 지진은 그 아름다웠던 리스본을 잿더미로 바꾸어 버렸다. 하지만 리스본은 거기서 좌절하지 않았다. 폼발 후작은 파괴된 도시를 도시 계획에 따라 재건하였다. 덕분에 지금의 리스본은 아담한 언덕들 사이로 좁다란 골목길이 거미줄처럼 휘돌아 나가고, 높다란 돌계단을 따라 흰 벽돌집이 가득하며, 예쁜 발코니 밖으로 아이들이 고개를 내미는, 아름다운 풍경을 가진 도시가 되었다.

알파마 지구는 신의 무서운 손길이 빗겨 간 행운의 지역이다. 알파마 지구는 로마 시대부터 리스본의 중심지였다. 시원한 전망을 가진 덕에 왕과 귀족들의 별장이 있었던 곳이기도 하다. 덜컹이는 전차를 타고 리스본에서 가장 높은 알파마 지구에 올라서면 리스본 시내가 한눈에 보인다. 특히 상타 루시아 전망대나 샹 조르제 성 위에 올라서면 울긋불긋한 지붕과 황금빛으로 반짝이는 테주 강이 훤히 보인다. 425 다리도 보인다. 길이가 1178m에 이르는 이 다리는, 1974년 4월 25일 살라자르 독재 정권이 무너진 것을 기념하여 이름 붙여졌다고 한다.

　재건된 리스본 속에도 도시의 낭만은 간직되어 있다. 여행객들이 가장 많이 찾는 로시우 광장에는, 포르투갈의 콜로니얼풍 건축 양식으로 지어진 건물들이 주변을 가득 메우고 있다. 유구한 역사를 가진 때문에 고딕 양식, 바로크 양식, 로마 양식 등 다양한 건축 양식의 건축물들도 꽤 된다. 로시우 광장에서 코메르시우 광장까지 이어지는 아우구스타 거리는 사람들이 늘 북적이는 거리다. 그래서 화려하게 장식된 고급 부띠끄들과 레스토랑, 카페, 그리고 거리의 악사들이 가득하다. 빨간 전차를 타고 그 비좁은 골목을 곡예사처럼 아슬아슬하게 빠져나오면 테주 강을 만나게 된다. 시원한 바람 몇 줌이 여행객의 지친 심신을 달래준다.

　리스본을 찾은 여행객들이라면 파두 레스토랑에는 반드시 가 봐야 한다. 구슬픈 노래 자락이 은은하게 울려 퍼지는 파두 레스토랑. 파두는 포르투갈의 대표적인 음악으로 우리에겐 다소 생소하다. 하지만 파두에는 우리의 '한'이나 '서러움'과 유사한 정서인 포르투갈인들의 '사우다드'가 깔려 있어, 처음 듣는데도 낯설지가 않다. 오히려 가슴 뭉클해지는 신기한 경험마저 할 정도다. 아주 소박하고 절제된 감성으로 구슬프게 노래하는 것이, 외로움과 그리움에 지친 어느 선원의 아내를 연상케 한다. 파두의 기원은 명확히 알려지지 않았으나, 리스본 항구 근처의 선술집에서 선원들이 술을 마시며 자신들의 고달픈 생활을 푸념하면서 부른 노래가 그 기원이 아닌가 한다. 신대륙 발견과 식민지 건설이라는 조국의 목표에 동원된 선원들이, 가족에 대한 그리움을 달

리스본 최대 규모를 자랑하는 코르메시우 광장.

리스본의 중심지인 로시우 광장

위 | 1755년의 대지진 때에도 치명적인 손상을 면한 대성당 내부
아래 | 리스본에서 가장 번화한 아우구스타 거리

래기 위해 갑판 위 달빛 아래서 이 노래를 불렀을 것이다. 그리고 선원들의 고달픔이 있었기에 포르투갈은 15세기 대항해 시대를 열 수 있었을 것이다.

 희미한 불빛 그리고 자욱한 담배 연기로 가득한 파두 레스토랑, 그곳에서 어느 초라한 여가수가 애절한 목소리로 파두를 부른다. 감미로운 기타와 비올라 선율마저 외롭고 슬프게만 들린다. 포르투갈산 와인 한 잔 걸치고 나니, 파두에서 아리랑의 선율과 한이 들리는 듯하다. ¤

위 | 엔리케 항해왕 사후 500주년을 기념하여 1960년에 세워진 발견 기념비
아래 | 시민과 여행자들로 가득한 로시우 광장

# 사도 바울이 그리스도의 가르침을 전한 곳, 몰타 '발레타'

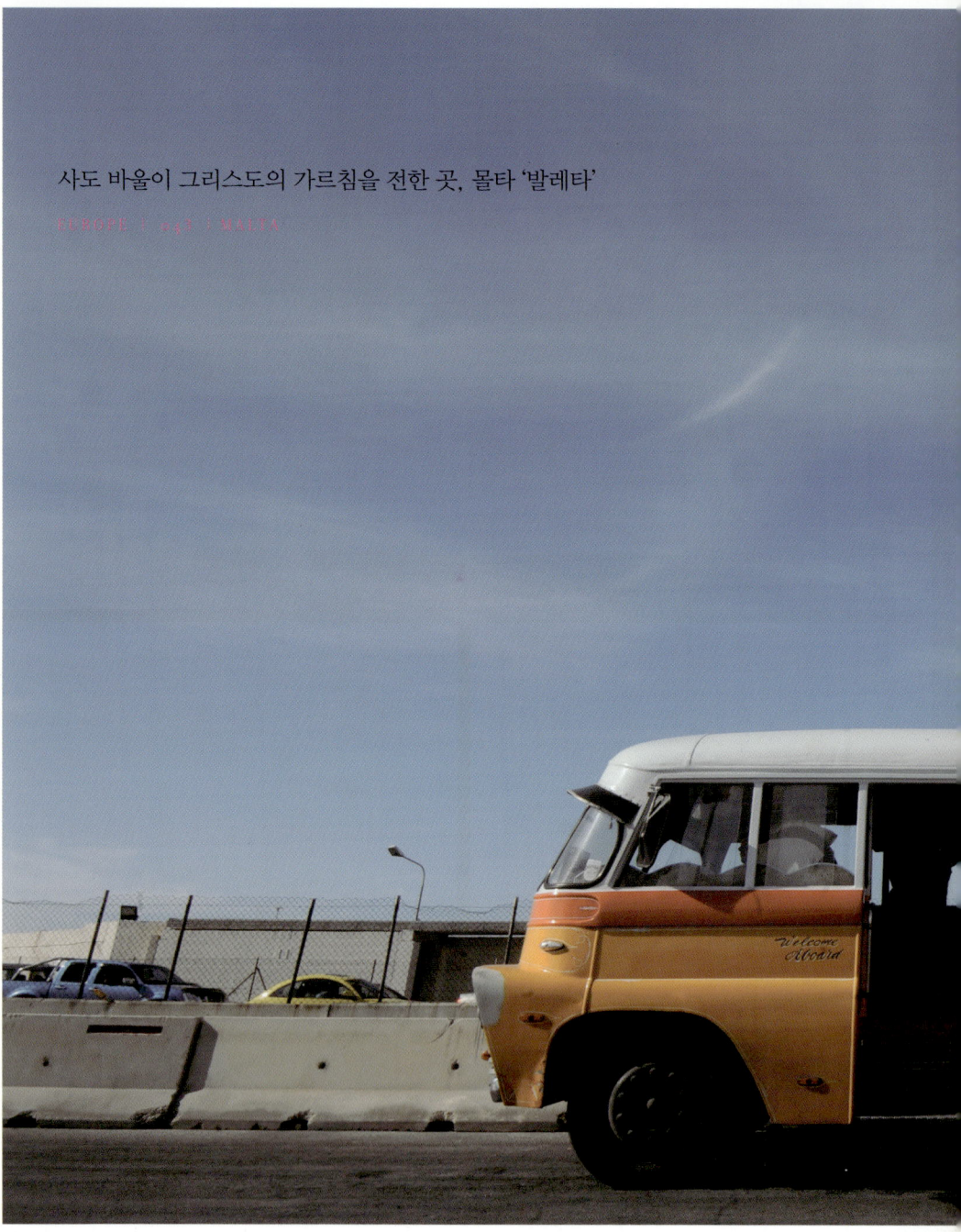

지중해의 숨은 보석, 몰타.

'지중해가 숨겨 놓은 진주' 몰타는, 지중해 위에 떠 있는 섬나라이다. 제주도의 1/6 크기밖에 안되는 이 작은 섬나라는 우리에게 지중해의 휴양지 정도로만 알려져 있었다. 하지만 몰타는 선사 시대의 고고학적 유적을 간직한 유서 깊은 곳이다. 성경에 '멜리데'로 표기되어 있는 이곳은, 사도 바울이 3차 전도 여행 때 시리아에서 로마군에 붙잡혀 로마로 압송되던 중 배가 난파하여 이곳에 잠시 머물게 되면서, 그리스도의 가르침을 전한 곳으로도 유명하다.

몰타는 그 아름답고 풍요로운 자연 풍경과 유럽과 아프리카를 잇는 지정학적 위치 때문에 늘 주변 열강들의 침략을 받았다. 특히 지중해를 장악하려던 로마 제국은 북아프리카로 진출하기 위해 전진 기지로 몰타를 선택했고, 터키의 오스만 제국은 이슬람 세력을 아프리카로 확장할 목적으로 몰타를 점령하였다. 그 후에도 나폴레옹의 침략이 있었고, 영국으로부터 160년간 지배를 받기도 했다. 그렇게 몰타는 이민족의 침입과 점령으로 점철된 기나긴 식민의 역사를 간직하고 있다. 고통스러웠던 몰타의 역사는 결과적으로 작은 섬나라에 세계문화유산이라는 영광을 안겨주었다.

몰타는 6개의 크고 작은 섬으로 이뤄졌는데 남쪽에는 가장 큰 섬 몰타가, 가운데에는 코미노 섬이, 북쪽에는 두 번째로 큰 고조 섬이 위치하고 있다. 나머지 3개의 섬은 사람이 거주하지 않는 무인도다. 대부분의 여행자들이 여행하게 되는 몰타, 코미노, 고조 섬은 자동차로 반나절이면 돌아볼 만큼 작다. 하지만 그 속에 감춰진 문화 유적들을 제대로 보려고 하면 며칠이 소요된다. 특히 몰타의 수도 발레타에는, 기원전 3600년 경에 세워진 신전 건물과 360여 개의 가톨릭 교회와 16세기 오스만 제국을 물리치기 위해 쌓은 성 요한 기사단의 성채 등 유의미한 유적지들이 산재해 있다.

발레타의 중심지 엠디나는, 관광의 중심이자 3,000년 전 몰타의 수도였던 곳이다. 과거 '노타빌레', '시타 메키아', '시타 노타빌레' 등으로 불렸던 엠디나에는 청동기 시대부터 사람이 살았던 것으로 문헌에 기록되어 있다. 현재 엠디나라는 명칭은 아랍어로 '도시'를 뜻하는 '메디나'에서 유래된 것이라고 한다. 철옹성처럼 적의 침입을 완

위 | 튼튼한 성벽으로 둘러싸인 몰타의 구시가지는 세계문화유산으로 지정돼 있다.   아래 | 풋풋한 미소를 지닌 몰타의 여인.

벽 하게 막기 위해 도시는 튼튼한 요새로 되어 있는데, 성곽 높은 곳에 서면 발아래로 지중해가 동서남북으로 보이기 때문에 그 자체로 하나의 망루다. 중세 시대에는 이곳에 귀족층의 거주해 '귀족의 도시'라 불리기도 했단다.

　엠디나에서 여행자들의 눈과 마음을 단숨에 사로잡는 것이 있었으니, 바로 성 요한 성당과 성 바울 성당이다. 우선 성 요한 성당은 바로크 화가의 대표 카바라조의 '세례자 요한의 참수'라는 유명한 작품이 있는 곳이다. 이탈리아가 낳은 세계적인 빛의 화가 카라바조의 아름다운 그림이 있는 성 요한 성당은 몰타에서 가장 인상적인 건축물이다. 건축가 제롤라모 카사에 의해 건립된 이 성당은 십자군의 기사들이 다 함께 기도 드리기 위해 모이던 장소로 외관은 간소하지만 그 내부의 기둥과 바닥, 천장의 조각과 바로크 양식의 그림들은 매우 화려하다. 성당 바닥 아래에는 400기가 넘는 역대 기사들의 유해가 묻혀 있다고 한다.

　성 바울 성당은 사도 바울의 그리스도를 향한 열정이 스며 있는 곳이다. 성당 지하에는 사도 바울이 동굴 감옥에서 3개월간 머물렀던 성스러운 장소가 그대로 남아 있는데, 그는 이 칠흑 같은 어둠의 동굴 감옥에서 그리스도를 향한 믿음과 굳은 의지를 보였다고 한다. 그렇게 그리스도의 사랑과 진리를 몰타에 전함으로써 그는, 죄인이 아닌 몰타의 성자로 추앙받게 되었다. 그리하여 해마다 2월 10일 몰타에서는 '성 바울 난파 축제'가 개최되고 있다.

　몰타는 〈트로이〉, 〈글래디에이터〉, 〈다빈치 코드〉 등 굵직굵직한 영화들의 배경이 되었다. 아름다운 풍광과 오랜 역사가 가진 아우라 덕분이리라. 하나의 거대한 세트장 같은 그곳에서 여행자는 기나긴 역사와 숭고한 종교적 의지와 천혜의 자연이라는 세 마리 토끼를 잡아 돌아간다. ✿

좁은 골목 사이로 아름다운 구시가지와 지중해가 보인다.

일생에
한번은

꼭
만나야
할

곳

AFRICA

'무지개의 나라'로 향하는 '희망의 곳', 남아프리카공화국 '케이프타운'

AFRICA | 001 | SOUTH AFRICA

은데벨레족은 남아공 원주민 중 가장 화려한 디자인과 색을 사용하는 부족이다.

위 | 이름처럼 편편한 테이블 마운틴 정상.
아래 | '폭풍의 곶'이라 불렸던 희망봉

2010년 6월 11일, 남아프리카공화국이하 남아공은 아주 특별한 날을 맞이했다. 지구촌의 축제 월드컵이 남아공에서 개최됐기 때문이다. 6년 전 아프리카 최초로 월드컵 유치에 성공한 후, 넬슨 만델라 전 대통령은 "지금 이 순간 내가 마치 50세 청년처럼 느껴진다. 승리의 기쁨을 다른 경쟁국과 나누고 싶다."고 말했다. 월드컵을 계기로 남아공은 개발도상국으로 자리매김하는 한편 세계로 도약하는 이미지를 확실하게 구축하고 있다.

과거 남아공은 혼돈 그 자체였다. 그리고 그 혼돈은 대개 서구 강대국의 점령에서 비롯됐다. 점령국들이 일방적으로 구획해 놓은 땅 위에서 다양한 종교를 가진 다양한 종족들은 피비린내 나는 오랜 전쟁을 치러야 했다. 그 전쟁 끝에 남은 건 종족 간 반목과 불신 그리고 굶주림뿐이었다. 비단 종족 간 갈등만 있었던 것은 아니다. 백인에 의한 흑인 원주민의 탄압은 더욱 잔인했다. 오죽하면 흑인들의 이동과 거주의 자유를 억압했던 인종차별 정책 아파르트헤이트가 '20세기 최악의 법'이란 불명예를 안았을까.

하지만 남아공은 변화했다. 적어도 헌법상으로는 인종차별이 사라졌다. 흑인 원주민들의 희망 넬슨 만델라 대통령과 노벨 평화상 수상자 데즈먼드 투투 대주교 등 많은 흑인 인권 운동가들의 끊임없는 투쟁의 결과다. 데즈먼드 투투 대주교는 인종차별 정책이 폐지된 후 남아공을 '무지개의 나라'로 표현하면서 "많은 인종과 종족들이 이제는 갈등과 대립의 관계에서 벗어나 꿈과 희망이 가득 찬 나라로 발전할 것"이라고 기대감을 드러내기도 했다.

남아공이 어두운 역사의 그림자를 지우고 '무지개의 나라'로 바뀌어 가고 있는 현장을 보고 싶다면 케이프타운으로 가야 한다. 케이프타운 국제공항은 하얀색으로 말끔하게 단장되었고, 공항 앞도 잘 정돈된 어느 유럽 도시의 풍경으로 꾸며졌다. 백인에 의한 억압에서 벗어나 새롭게 도약하는 남아공이 서구의 도시를 모델로 변화하는 게 좀 아이러니하지만, 새로운 케이프타운이 세련되고 다이내믹해진 것은 사실이다.

어두운 과거의 흔적은 분명 사라지고 있다.

정상 부분이 편편한 테이블마운틴에 둘러싸인 케이프타운은 인간과 자연의 유구한 역사를 고스란히 간직하고 있다. 넬슨 만델라가 대통령으로 당선되기 전에 구금되었던 로벤 섬을 포함하여, 6개의 박물관 지구가 들어서 있는 흑인 거주 지역, 빅토리아 양식의 건축물과 이슬람 사원이 조화로운 보캅 지구 등은 인간의 역사를 간직하고 있는 명소들이다.

그렇다면 자연의 역사는 어디에 간직되어 있을까. 그렇다. 바로 테이블마운틴과 희망봉이다. 자연은 인간의 상상 그 이상을 만들어 낸다. 케이프타운의 상징 테이블마운틴만 해도 탁자처럼 평평한 모양을 한 정상이 1,087m까지 솟아 있다. 그 정상을 따라 얇게 걸려 있는 구름은 인간으로 하여금 진짜 자연의 신비가 무엇인지를 느끼게 해 준다. 케이프 반도 북쪽 끝에 위치한 테이블마운틴은 거대한 사암과 점판암으로 이루어져 있으며, 동쪽으로는 높이 1,001m의 악마의 봉우리가, 서쪽으로는 높이 669m의 사자 머리가 인접해 있다. 관광객들이 테이블마운틴에 열광하는 이유는 그 정상에서 내려다보는 케이프타운 시내와 푸른 바다 때문이다. 안개와 구름에 휩싸인 채 보일 듯 말 듯 자신의 변화를 보여 주는 도시, 그리고 끊임없이 밀려드는 파도는 케이프타운의 가장 매력적인 풍경이다. 케이블카가 있어 굳이 다리품 팔지 않고도 산 정상을 오를 수 있는 게 감사할 따름이다.

희망봉은 테이블마운틴보다 더 유명한 장소다. 인류 역사의 한 획이 그어졌다 해도 과언이 아닌 희망봉. 이곳을 처음 발견한 사람은 바르톨로메우 디아스인데, 1488년 포르투갈 주왕 2세의 명령으로 새로운 항해 개척에 나섰다가 이 희망봉을 발견했다. 사실 디아스가 도착했을 당시만 해도 이곳의 이름은 '폭풍의 곳'이었다. 그러다 1497년 바스코 다가마가 희망봉을 통과해 인도로 가는 항로를 개척한 뒤 주앙 2세가 '희망의 곳'이라 명명하면서 오늘날의 희망봉이란 이름이 탄생했다. 현재 이 희망봉 일대는 자연보호 지구로 지정되어 있다. 덕분에 관광객들은 비비, 타조, 물개 등 다양한 동물을 만나는 기쁨도 누릴 수 있다.

테이블마운틴에서 그리고 희망봉에서, 거세게 몰아치는 바람에 정면으로 맞서본다. 그 매서움을 온몸으로 느끼고 있으려니, 저 바람을 견디며 그리고 백인들의 모진 탄압을 견디며 살아왔을 흑인들의 가슴 아픈 역사가 오롯이 살아나는 느낌이다. 하지만 무지개의 나라로 새로운 도약을 꿈꾸는 남아공, 그 변화의 핵심에 있는 케이프타운은 이제 더 이상 슬픔의 도시가 아니다. 월드컵이 끝나고 이곳은 어떻게 바뀌어 갈까. 인간의 역사는 늘 놀라움의 연속이었으니 케이프타운 또한 얼마나 멋지고 화려한 모습으로 탈바꿈할 지 기대된다. ¤

케이프타운에는 말레이시아 등지에서 건너온 무슬림들도 많다.

## 잃어버린 도시를 찾아서, 남아프리카공화국 '선 시티'

AFRICA | 002 | SOUTH AFRICA

    요하네스버그에서 북서쪽으로 2시간쯤 차로 달리면 남아프리카공화국에서 가장 아름다운 초호화 테마 도시 선 시티를 만나게 된다. 선 시티란 필란스버그 야생동물 보호구역 남쪽 경계 지점에 인공적으로 만들어 놓은 위락 단지를 말한다. 이곳은 백만장자이자 선 그룹 회장인 솔 커즈너가 1992년 고대 부족 왕궁을 모티브로 완성한 '남아공의 라스베이거스'다.

    선 시티에는 전해 오는 전설이 하나 있다. 문명 세계가 도래하기 오래전, 고도의 기술을 가진 북아프리카의 한 부족이 새롭고 넓은 땅을 찾아 떠난다. 수년의 방랑 끝에 그들의 바람대로 비옥한 땅을 찾았는데, 그곳이 바로 '태양의 계곡'이었다. 새로 정착한 땅에서 이 부족은 그들이 가지고 있던 고도의 기술을 이용, 세상에서 가장 아름답고 풍요로운 세계를 정글 속에 세워 나갔다. 하지만 대지진으로 아름다운 그들의 세상은 일순간 사라지고 말았다. 마치 잃어버린 왕국 아틀란티스처럼. 그 후 몇 세기가 지나 우연히 고고학자들에 의해 이곳이 발굴되면서 옛 흔적들이 서서히 복원되기 시작했고, 그 잃어버린 도시가 새로운 왕궁의 모습을 하고 다시 태어난 곳이 바로 선 시티라는 것이다.

　선 시티가 처음부터 대단위 위락 단지였던 것은 아니다. 1974년에 처음 생겨날 때만 해도 나지막한 골짜기에 세워진 소박한 숙박 시설에 불과했다. 그러다가 이곳을 찾는 사람들이 점차 늘어나면서 6년 뒤인 1980년에 비로소 현재의 규모가 되었다. 4개의 초호화 호텔에 이어 2개의 골프 코스, 카지노, 대형 극장 등의 편의 시설이 갖춰지면서 선 시티는 완벽에 가까운 하나의 왕국이자 아프리카 최고의 휴양 도시로 인정받게 되었다.

　그 중에서도 선 시티의 화려함을 대표하는 것은 '잃어버린 도시의 왕궁'이다. 세계 10대 호텔로 꼽히는 이곳은 화려한 인테리어와 편리한 내부시설 그리고 우아하면서도 고풍스러운 이미지를 자랑한다. 각종 영화 배경으로도 등장하는가 하면, 미스 유니버스 대회를 두 차례 유치하기도 했다. 마이클잭슨과 같은 세계 유명 인사들이 다녀간 곳으로도 유명하다. 고전적이고 우아한 자태를 뽐내는 호텔 앞으로는 숲, 바다, 정글 등 다양한 느낌으로 다가오는 라군Lagoon이 펼쳐진다.

　특히 선 시티가 바다에서 멀리 떨어져 있는 까닭에 인공적으로 조성된 파도 풀장과 고운 모래 해변은 사람들이 가장 많은 시간을 보내는 장소다. 어드벤처 마운틴이나 골드마인, 파도의 계곡 등은 카지노 다음가는 명소인데, 특히 어드벤처 마운틴은 아이들이 가장 좋아하는 곳이다. 이 외에도 테니스 코트와 골프 코스를 비롯하여 다양한 스포츠를 즐길 수 있는 시설이 마련되어 있다.

　게다가 선 시티에는 카지노가 있다. 남아공의 라스베이거스란 별명이 무색하지 않게 만드는 주요 시설. 그래서 선 시티 카지노는 방문객들의 최대 관심거리이다. 선 시티 호텔에 들어선 카지노는 매일 오후 1시에 개장하는데 아메리칸 룰렛이나 블랙잭, 포커 등을 즐길 수 있다.

　메마른 땅 아프리카 한가운데 신기루처럼 펼쳐진 도시. 전설 속의 잃어버린 도시가 이곳이 맞다 해도 전혀 어색하지 않을 신비로운 도시. 이 잃어버린 도시 속에서

선 시티는 대형 위락 단지로 하루 25,000여 명의 관광객들을 끌어 모으고 있다.

선 시티 안에는 영화관, 물놀이 시설, 세계 수준의 골프 코스가 있으며 스포츠 경기와 각종 콘서트가 열리는 커다란 스타디움까지 갖춰져 있다.

'남아공의 라스베이거스' 선 시티는 과거 보푸타츠와나족이 살던 황량한 사바나 지역이었다.

척박한 사바나 지역에 들어선 선 시티 골프 클럽.

당신이 잃을 거라곤 오직 시간뿐이다. 다채로운 볼거리와 다양한 즐길 거리가 당신의 시간을 몽땅 앗아가 버릴지도 모른다. 그렇다 해도 안타까워할 일만은 아니다. 잃어버린 시간의 대가로 당신은 오래도록 잊지 못할 추억을 쌓아갈 테니. ¤

데이비드 리빙스턴은 스코틀랜드에서 났지만 일생의 절반을 아프리카에서 보냈다.
그는 30년 동안 무려 2만 9,000마일을 여행하였는데, 빅토리아 폭포도 여행 중에 발견한 폭포다.

빅토리아 폭포의 관문, 잠비아 '리빙스턴'

AFRICA | 003 | ZAMBIA

빅토리아 폭포로 향하는 새로운 관문, 리빙스턴. 리빙스턴은 잠비아 남단에 위치한 도시로, 영국의 탐험가이자 선교사인 데이비드 리빙스턴을 기념하고자 그의 이름을 따서 붙인 도시이다. 우리에겐 아직 생소하기만 한 도시이지만, 리빙스턴이 아프리카를 탐험하던 때에는 배후 도시로서 기능하였고, 1911년에는 북 로디지아의 수도가 되기도 하였다. 그러다 1935년 루사카에 수도의 자리를 내어 준 이후로는 조용하고 한가로운 마을이 되었다. 하지만 최근 잠비아 정부가 이곳을 빅토리아 폭포와 연계한 관광 도시로 개발하면서 새로운 발전을 거듭하고 있다.

빅토리아 폭포는 유네스코가 지정한 세계자연유산이자, 이과수 폭포, 나이아가라 폭포와 함께 세계 3대 폭포로 꼽히는 곳이다. 이제까지는 많은 여행자들이 짐바브웨를 통해 빅토리아 폭포에 갔지만, 최근 잠비아 리빙스턴의 관광 인프라가 늘어나면서 이곳을 통한 관광객의 수가 점차 늘고 있다. 특히 폭포 바로 옆에 위치한 5성급 호텔에서는 아침 산책 코스로 거대한 폭포를 구경할 수 있는가 하면 호텔 노천카페에서 커피를 마시며 빅토리아의 아름다움을 만끽할 수 있어 많이 각광받고 있다.

사실 데이비드 리빙스턴도 짐바브웨가 아닌 잠비아에서 이 폭포를 먼저 발견했다. 그가 도착하기 전 이곳의 원주민들은 이 폭포를 가리켜 '천둥소리가 나는 연기'라는 뜻의 '모시 오아 투냐'라고 불렀다. 폭포를 가리켜 연기로 표현한 것이 재밌다. 그런데 그들의 표현이 정확하다 느끼는 것이, 실제로 빅토리아 폭포에 가보면, 폭포 위로는 물방울이 만들어 내는 하얀 연기가 피어오르고 폭포에 가까이 다가갈수록 천둥과 벼락이 치는 듯 한 요란한 굉음 소리가 나는 것이다. 지금의 빅토리아 폭포란 이름은, 데이비드 리빙스턴이 이곳을 발견한 뒤 아프리카 탐험을 후원한 영국 빅토리아 여왕에게 감사한다는 뜻으로 지었다.

데이비드 리빙스턴이 이 폭포를 발견한 것은 1855년. 루안다를 탐험하고 1차 탐험을 종료할 즈음 그는 잠베지 강을 내려와 거대한 폭포 앞에 섰다. 매일 아침 작은 카누를 타고 힘차게 쏟아지는 거대한 물과 그 위로 피어나는 멋진 무지개를 보며 그는 얼마나 또 감동했을까. 그는 이듬해 12월 영국으로 돌아가 첫 번째 저서 『선교여행과 남아프리카 탐험』를 통해 빅토리아 폭포를 극찬했다. "이것은 도저히 상상할 수도 없는 것이다. 영국의 아름다운 곳을 모두 본 사람이라도 빅토리아 폭포를 본다면 감탄사가 저절로 나올 것이다. 또한 빅토리아 폭포는 너무 사랑스럽다. 폭포를 그냥 조용히 바라보고 있노라면 하얀 물살을 따라 마치 천사들이 하늘로 올라가는 듯 한 전율을 느끼게 된다."

빅토리아 폭포는 규모가 대단하다. 높이가 수백 미터에 이르고 길이만 해도 2km가 넘는다. 헬리콥터를 타고 하늘에서 내려다보는 빅토리아는 그야말로 장관이다. 그 웅장함에, 일곱 빛깔 무지개를 만들어 내며 하얗게 떨어지는 폭포수의 모습은 도저히 형언할 수가 없다. 하지만 빅토리아 폭포의 진수를 보려면 하늘이 아닌 강으로 가야 한다. 잠베지 강 위에서 바라보는, 아프리카의 붉은 노을로 채색된 폭포는 인간의 상상을 거부한다. 꼭 폭포가 아니더라도 잠베지 강은 그 자체로 환상적이다. 특히 리빙스턴이 카누를 타고 석양을 즐겼던 칼라이 섬에서 보는 노을은 정말 일품이다. 지금은 야생보호구역으로 묶여 들어갈 수 없는 곳이 되었지만, 대신 유람선 위에서 커피 향을 음미하며 마주하는 잠베지 강의 석양은 평생 잊지 못할 추억이 될 것이다.

리빙스턴의 밤은 더욱 아름답다. 대지와 강을 붉게 물들이던 태양이 지평선 너머로 자취를 감추면 검은 하늘 위로 은하수가 빛난다. 끝없이 펼쳐진 밤하늘에는 손을 뻗으면 금방이라도 닿을 듯 화려한 별들의 향연이 펼쳐진다. 셀 수 없이 많은 별들과 우아하게 떨어지는 별똥별을 보고 있노라면, 그 고요함과 화려함에 여행자는 그저 황홀해질 뿐이다. ¤

위 | 노래와 춤을 좋아하는 리빙스턴 사람들.
아래 | 특유의 북장단은 이방인들의 어깨를 절로 들썩이게 만든다.

원주민들은 동물의 가죽을 이용해 악기와 옷을 만든다.

야생동물의 낙원, 보츠와나 '초베 국립공원'
AFRICA | 004 | BOTSWANA

보츠와나에서 두 번째로 큰 국립공원인 초베 국립공원은 아프리카 대륙에서 가장 많은 동물들이 밀집해 있는 곳으로 유명하다.

〈동물의 왕국〉은 아프리카 스텝 지역의 낯선 풍경으로 늘 여행자를 유혹했다. 동물원에서도 보지 못한 신기하기 그지없는 다양한 야생 동물들의 습생을 보면서 얼마나 아프리카를 그리워했던가. 그런데 아프리카에 대한 로망이 비단 〈동물의 왕국〉 시청자들에게만 해당된 것은 아닌가 보다. 미국의 대문호 어니스트 헤밍웨이도 제1차 세계대전이 끝난 후 아프리카로 사파리 여행을 몇 차례나 다녀왔다고 한다. 과연 〈동물의 왕국〉을 실제로 보는 느낌은 어떨까?

보츠와나의 초베 국립공원은 〈동물의 왕국〉을 현실에서 볼 수 있는 가장 좋은 곳이다. 보츠와나에서 두 번째로 큰 국립공원이지만, 다양한 야생동물들이 밀집해 있는 곳으로는 1순위로 꼽히기 때문이다. 사실 칼라하리 사막에 둘러싸인 오카방고 델타는 보츠와나에서 가장 큰 국립공원이지만 다소 험하기 때문에 여행자들이 맘 놓고 사파리를 즐기기는 어렵다. 그런 이유로 많은 사람들은 사파리 코스로 초베 국립공원을 선호한다.

사실 보츠와나는 부시맨으로 유명한 나라다. 콜라병을 신기해 하던 영화 속 부시맨들의 모습을 신기해 하던 때가 바야흐로 20여 년 전이다. 문명이 도달한 곳은 어디나 마찬가지겠지만, 이제 콜라병 따위에 신기해 하는 부시맨은 존재하지 않는다. 이제 그들은 항아리에 물을 길러 가면서도 휴대폰을 손에서 놓지 않는다. 부시맨은 원래 산족으로 보츠와나족으로도 불린다. 이들은 사냥감과 과일, 그리고 물을 찾아 이동을 하는 부족인데, 아프리카에서 가장 사냥을 잘하는 부족으로 명성이 자자했다. 하지만 3만 년에 이르는 엄청난 세월 동안 야생동물들과 함께 살아온 그들이, 단 수십 년만에 사냥과 채집의 고유한 생활방식을 잃어가고 있으니 안타까울 뿐이다.

그렇게 부시맨은 변해가고 있지만, 야생동물들만큼은 변함없이 그들의 삶을 이어가고 있다. 흔히 '빅5'라 불리는 코끼리, 사자, 코뿔소, 버펄로, 표범 등을 비롯하여 하마, 악어, 임파라 그리고 누 떼가 여전히 대초원 위를 누비며 살아가고 있다. 그 중에서도 초베 국립공원에서 유명한 것은 코끼리 떼다. 이곳의 코끼리 떼는 세계에서 가장 큰 집단을 형성하고 있는 것으로 알려져 있다. 한때 밀렵꾼들의 불법 사냥으로 수천 마리에 불과했지만 현재는 약 12만 마리에 이른다.

초베 국립공원의 사파리는 크게 두 부분으로 나뉜다. 우선 보트를 타고 초베 강 주변에 서식하는 동물을 관찰한다. 보트 위에서는, 하마를 비롯하여 450여 종에 이르는 새 떼들을 관찰할 수가 있다. 특히 보트가 엔진을 끄고 조용히 물가로 다가가면 스릴은 최고조에 달한다. 낮잠을 즐기고 있는 악어를 아주 가까이에서 대면하게 되기 때문이다. 무시무시한 이빨과 한 번 물면 놓치지 않는다는 전설의 턱을 보고 있으려니, 침이 절로 꼴깍 넘어간다.

보트에서 내려 지프차로 옮겨 타면 본격적인 사파리 여행이 시작된다. 창문 하나 없이 뻥 뚫린 지프차를 타고 먼지바람을 일으키며 광활한 대지를 달리는 기분은 뭐라 표현할 길이 없다. 게다가 지프차의 드라이버는 총 하나를 제 목숨줄인 양 들고 다닌다. 그래서 더 사파리는 스릴 만점이다. 사파리는 태양이 뜨거운 한낮보다는 일출과 일몰 때 이루어진다. 한낮에는 동물들도 그늘을 찾아 나무 아래 혹은 숲 안으로 숨어들어가기 때문이다. 운이 좋다면 하루만에 '빅5'를 볼 수도 있겠지만, 대개는 사흘정도 머물러야 보고 싶은 야생동물들을 충분히 볼 수가 있다. 코끼리와 하마, 임팔라와 누떼는 워낙 수가 많아 쉽게 마주칠 수 있지만, 사자나 표범은 쉽게 그 모습을 드러내지 않기 때문에 운이 많이 따라야 볼 수 있다.

어른 코끼리들에 둘러싸여 엄마 젖을 먹는 아기 코끼리, 갓 사냥한 먹이에 머리를 파묻고 식사에 열중하고 있는 사자 가족, 드넓은 목초지 위를 전력 질주하는 치타, 동물들의 버려진 사체를 뒷처리 하고 있는 대머리 독수리. 광활한 대자연에서 이렇게 야생동물을 만나고 있으려니, 다시 원시의 유인원으로 돌아간 듯한 느낌이다. 문명의 삶을 살면서 이미 다 잃었다고 생각했던 사냥의 본능까지 되살아날 정도다. ¤

나무 그늘 아래서 잠시 휴식을 취하고 있는 원주민들.

초베 강에서 물고기를 잡고 있는 아이들

위 | 초베 국립공원에서 가장 유명한 것은 코끼리 떼다.  아래 | 사바나 초원의 신사라 불리는 누 떼.

위 | 썩은 사채를 먹기 위해 기다리고 있는 대머리 독수리.　아래 | 마음이 여리고 예민한 톰슨가젤.

## 인류 최고의 불가사의 피라미드와 스핑크스, 이집트 '카이로'

AFRICA | 005 | EGYPT

　인간의 상상력의 한계는 어디까지일까? 그리고 물리적 한계는 어디까지일까? 이집트 기자에서 피라미드와 스핑크스를 보고 있노라면 자연스레 드는 질문들이다. 권력과 과학과 신앙이 만들어 놓은 세계의 불가사의 피라미드와 그 거대한 무덤을 지키고 수천 년을 살아온 스핑크스는 바로 앞에서 보고 있어도 실제가 믿겨지지 않을 만큼 거대한 유적이다.

　파라오의 영원과 불멸성을 기리기 위해 수많은 사람들의 피와 땀을 투자해야 했던 피라미드. 세계 3대 불가사의로 꼽히는 피라미드는, 고대 이집트의 국왕과 왕비를 비롯한 왕족들의 거대한 무덤으로, 그 이름은 그리스어 '피라미스'에서 유래하였다. 현재 이집트의 아부라와슈에서 나일 강을 따라 엘 라훈에까지 총 80여 기의 피라미드가 있는데, 그 중 가장 완벽한 3기가 수도 카이로 근처 기자에 남아 있다. 오랜 세월의 풍화를 견뎌내고 거의 완벽에 가까운 모습을 보존하고 있는 쿠푸, 카프레, 멘카우레 파라오의 피라미드는 이제 이집트의 아이콘이다.

　피라미드는 비단 현대인에게만 호기심의 대상이요 화제였던 것은 아니다. 피라미드가 세워진 이후, 이미 기원전부터 피라미드는 유럽과 중동의 주변 국가들에서 단체로 구경 올 만큼 늘 인기 있는 관광지였다. 기원전 5세기 그리스의 역사학자 헤로도토스가 쓴 책『역사』에도 피라미드에 대한 설명이 나오는데, "피라미드를 하나 쌓는데 총 240만여 개의 돌이 사용되었고, 돌 하나의 무게는 최저 1,500kg에서 160t까지 형태에 따라 천차만별이라고 한다. 10톤 트럭으로 70만 대에 이르는 돌이 있어야 1개의 피라미드를 세울 수 있고, 완성하는 데만 30년이 족히 걸렸다."라고 쓰여 있다. 고대 이집트 문명의 주인공 파라오가 현세에서 자신의 힘과 국력을 자랑하고, 내세에서도 불멸의 영원성을 얻고자 하는 바람에서 세웠다는 피라미드. 파라오의 무서운 열정과 집념이 피라미드를 수천 년이 넘도록 지키고 있는 듯하다.

'이집트에서 기자의 피라미드와 스핑크스를 보지 않았다면 제대로 여행을 한 것이 아니다'라는 말이 있다. 기자의 피라미드와 스핑크스가 이집트 여행의 핵심이란 의미다. 그도 그럴 것이 카이로에서 15km는 떨어진 곳에 위치한 이 거대한 건축물들은 카이로 시내를 벗어나자마자 눈에 들어올 정도다. 150m에 이르는 거대한 피라미드 3기와 고대 오리엔트 전설에 등장하는 스핑크스의 위용은 정말 대단해서, 보는 이의 입을 다물 수 없게 만든다.

그 중 으뜸은 쿠푸 왕의 피라미드다. 이집트 파라오 쿠푸가 자신의 무덤으로 만든 이 피라미드는 이집트 전역에 있는 80여 기 피라미드 중에서 가장 큰 규모로 제작되어 일명 '대 피라미드'라고 불리며, 세계 최대의 무덤 건축으로 역사의 한 페이지를 장식하고 있다. 세계 7대 불가사의 중에서 유일하게 원형을 그대로 보존하고 있는 것이기도 한 이 피라미드는, 무려 10만에 이르는 장인과 노동자들이 20여 년에 걸쳐 만든 것이다. 신비함으로 가득한 내부는 대회랑과 왕의 방, 왕비의 방, 내려가는 통로, 올라가는 통로, 수평 통로, 환기통 등 매우 복잡한 구조로 설계됐다. 지금 여행자들이 들어가서 관람하는 입구는 9세기에 아바스 왕조의 칼리프 알 마문 왕이 도굴을 위해 파헤친 곳이라고 한다.

세계 7대 불가사의로 꼽히는 기자의 피라미드는 이집트가 자랑하는 세계 문화유산이다.

피라미드와 함께 이집트의 상징물로 꼽히는 스핑크스.

이집트 수도 카이로에서 서쪽으로 15km 정도 달려가면 거대한 피라미드 3개와 스핑크스를 만나게 된다.

해마다 수백만 명의 발길이 끊이지 않는 기자의 명성은 저 높은 피라미드보다 높다.

쿠푸 왕 피라미드 옆에는 그의 아들 카프레 왕의 피라미드가 있다. 크기로는 아버지 무덤보다 작지만 높은 지대에 세워졌기 때문에 보는 위치와 각도에 따라 다양한 모습을 보여준다는 점, 그리고 3개 피라미드 중에서 가장 보존 상태가 양호하다는 점이 매력적이다. 그리고 무엇보다도 카프레 왕의 피라미드를 지키는, 사람의 머리와 사자의 몸을 가진 스핑크스가 여행자를 유혹한다. 카프레 왕의 얼굴을 새킨 스핑크스는 태양신의 상징으로, 전체 길이 약 70m, 높이 약 20m, 얼굴 너비 약 4m의 거대한 크기로 여행자들을 압도한다. 쿠푸 왕과 카프레 왕의 피라미드 옆으로 쿠푸 왕의 손자인 멘카우레 왕의 피라미드도 있다. 하지만 보존 상태가 그다지 좋지 않아 일반 여행자들의 발길은 뜸한 편이다.

모래바람이 춤을 추는 황량한 사막 지대, 그 한가운데 서 있는 거대한 피라미드와 스핑크스는 여행자의 온몸에 전율을 일으킨다. 중국 진시황의 병마용을 마주할 때와 비슷한 느낌이다. 진시황의 집념이 놀랍고 무서웠던 것처럼, 파라오의 강한 권력과 불멸을 향한 염원이 놀랍고 무섭게 느껴질 정도다. 하지만 어찌 그 집념만으로 경이로운 건축이 완성될 수 있었으랴. 고대 이집트인들의 지혜, 그리고 위대한 건축물을 위하여 희생된 10만의 사람들 이야기야말로 인류가 잊지 말아야 할 불멸의 기록이 아닐까. ¤

# 알베르 까뮈를 만나다, 알제리 '제밀라'

AFRICA | 006 | ALGERIA

　　까뮈의 고향 콘스탄틴에서 덜컹거리는 버스를 타고 누렇게 농익은 밀밭을 달려가면 고대 로마 도시 제밀라를 만나게 된다. 굽이치는 협곡 사이에 위치한 제밀라는 까뮈의 청춘을 간직한 곳이다. 젊은 시절 이곳에서 많은 시간을 보냈던 까뮈는 『제밀라의 바람』이라는 에세이에서, "새들이 우는 소리, 세 구멍짜리 플루트의 고즈넉한 소리, 염소들이 발 구르는 소리, 하늘에서 나는 소리, 그 많은 소리가 그곳의 침묵과 황폐한 분위기를 이루고 있었다. 따라 가는 길마다 집들의 폐허 사이에 난 소로들이며, 광택 나는 기둥과 돌로 포장된 대로들이며, 개선문과 언덕에 선 신전 사이의 거대한 광장이며, 모두가 끝없는 하늘에 벌여 놓은 카드처럼 도시는 사면팔방에서 경계 짓는 협곡들과 통하고 있었다."라고 제밀라를 묘사하였다.

　　콘스탄틴에서 서쪽으로 150km 떨어진 이곳에서 낯선 이방인을 가장 먼저 반기는 것은 바람이다. 해발 950m에 위치한 때문인지 아니면 주변의 협곡 때문인지 제밀라에는 바람 끊일 날이 없다. 까뮈는 이런 바람을 좋아했다고 한다. 그래서 아침부터 저녁까지 이곳에 머물며 로마가 남긴 흔적들을 감상하고 자신의 문학적 감수성을 키워 나갔다.

　카뮈는 제밀라에 처음 방문한 인상을 "제밀라에 가려면 많은 시간이 걸린다. 그곳은 사람이 길을 멈추고 또 거쳐 가는 도시가 아니다. 어디로도 길이 나 있지 않았고 아무 데도 트이지 않았다. 사람이 들렀다가는 다시 돌아와야 되는 그런 곳이다."라고 기록하고 있다. 그의 말처럼 제밀라는 어느 길 위에 위치한, 쉽게 거쳐 갈 수 있는 도시가 아니다. 왔던 길을 되돌아가야 다시 외부 세계와 조우할 수 있는 산 속 깊이에 위치한 도시다.

　'알제리의 숨겨 놓은 보물'답게 제밀라는 세계문화유산에 빛나는 소중한 인류 유산을 잘 간직하고 있다. 제밀라 여행은 산마루에 위치한 제밀라 입구에서 비탈진 언덕을 따라 천천히 내려오면서 시작된다. 1세기 말에 번성하기 시작한 제밀라는 로마의 다른 식민 도시들과 마찬가지로 로마의 주요 건축물들이 들어서 있다. 그중 핵심은 셉티미우스 세베루스 로마 황제의 아들이 아버지에게 헌정한 셉티미우스 신전과 3천여 명을 수용할 수 있는 원형 극장이다. 리비아의 렙티스마그나 원형 극장에 비하면 초라하지만 알제리에서는 가장 큰 규모를 자랑한다. 그 외에도 신전, 포럼, 집회와 재판에 사용됐던 바실리카, 승리를 상징하는 개선문, 목욕탕, 세례당, 시장 등이 있다. 여기에 동로마의 콘스탄티누스가 침입하면서 만들어 놓은 교회와 예배당이 곳곳에 있어 이색적이다.

　제밀라는 더 이상 까뮈가 묘사했던 황폐한 분위기의 도시가 아니다. 세계문화유산으로 지정되면서 도시는 깔끔하게 단장을 했고, 그 주변으로 드넓은 밀밭이 펼쳐져 도시에는 따뜻하고 평화로운 기운이 가득하다. 까뮈가 고대 로마 도시에서 황폐함 대신 이 깔끔하고 온화한 풍경을 보았다면 그의 글이 달라졌을까. 알 수 없는 일이다. 하지만 그가 보았던 황폐한 분위기의 제밀라 역시 아름답기는 마찬가지가 아니었을까 싶다. 드넓은 밀밭에 일렁이는 바람, 그리고 고대 로마의 영광은 까뮈가 살던 시기와 지금이 크게 다르지 않을 터이니 말이다. ¤

한 편의 평화로운 그림 같은 제밀라의 밀밭.

알베르 까뮈가 즐겨 찾았던 제밀라 유적지.

앙상하게 뼈대만 남았지만 그래도 제밀라 유적지에서는 강성했던 로마 제국의 힘이 느껴진다.

터번을 두른 할아버지의 인상이 너무나 평온하다.

농촌에서 만난 할머니의 눈빛은 알제리를 여행하는 내내 잊을 수 없었다.

푸른 지중해 바로 옆에 세워진 렙티스마그나의 원형 극장.

셉티미우스 세베루스가 건설하고자 했던 작은 로마, 리비아 '렙티스마그나'

AFRICA | 007 | LIBYA

리비아 수도 트리폴리에서 지중해를 따라 남서쪽으로 130km 달려가면 로마 제국의 옛 영광이 고스란히 되살아 있는 렙티스마그나를 만나게 된다. 1920년 이탈리아 발굴단에 의해 모습을 드러내기 전까지 고고학자들 사이에서 전설로만 회자되었던 로마 식민 도시, 렙티스마그나. 북아프리카에서 가장 위대하고 웅장했지만 수세기 동안 모래사막에 묻혀 있었던 이곳은 로마 황제를 지낸 셉티미우스 세베루스의 고향이기도 하다.
　2~3세기 로마 시대 유적들이 잘 보존되어 있는 렙티스마그나는 기원전 1100년경 페니키아인들에 의해 건설된 도시이다. 그리고 기원전 4세기 지중해 무역을 장악했던 카르타고가 이곳을 해상 무역의 중심지로 성장시켰고, 로마 제국이 카르타고를 물리치면서 북아프리카를 장악한 후에는 로마의 식민 도시가 되었다. 이곳 출신인 셉티미우스 세베루스는 로마 황제에 오른 뒤 자신의 고향을 북아프리카에서 가장 강성하고 아름다운 도시로 만들고자 했다. 그는 막대한 돈과 인력을 동원하여, 도시 한가운데에 세계에서 두 번째로 큰 개선문을 지었고, 화려한 로마 목욕 문화의 진수를 보여 주는 하드리아누스 목욕탕, 지중해를 무대로 삼은 원형 극장, 북아프리카에서 가장 큰 규모의 바실리카 등을 건설하였다. 그는 이곳에 작은 로마를 만들고 싶어 했던 것이다.
　하지만 렙티스마그나의 영광도 잠시, 4세기 중반 로마 제국의 쇠락과 함께 서서히 존재감을 상실해 가다 끝내 유령 도시로 전락하고 말았다. 이후 게르만 계통의 반달족이 도시를 무참하게 부숴 버리기 시작했고, 사하라 사막을 바람처럼 떠돌던 베르베르족이 들어와 반달족과 로마인들을 학살하고 도시를 황폐화시켰다. 그리고 642년 아랍인들의 침입으로 렙티스마그나는 다시 복구하기 어려울 만큼 많이 파괴되면서 도시의 기능이 완전히 마비되었다. 그렇게 역사 속에서 사라지고 모래 속에 감춰진 것을 이탈리아의 고고학자들이 발굴하였다.
　다시 세상의 빛을 보게 된 렙티스마그나는 그 규모도 크고 유물의 보존 상태가 아주 좋은 것으로 알려져 있다. 그중 하나가 도시 한가운데 위치한 셉티미우스 개선문이다. 이 개선문은 203년 로마 황제 셉티미우스가 고향을 방문한 것을 기념하기 위해 세운 것으로 도시 어느 곳에서나 보일 만큼 규모가 엄청나게 크다. 이탈리아 로마에 있는 콘스탄티누스 개선문 다음으로 세계에서 두 번째다. 단순히 덩치만 큰 것이 아니라 아름답기까지 하다. 개선문에 새겨진 부조상은 하나의 예술품으로 전혀 손색이 없을 정도다. 네 방향으로 뚫린 아치형 문에는 천사처럼 날개를 단 승리의 여신 나이키가 월계수 가지와 화환을 들고 있다.

개선문 동쪽으로는 하드리아누스 목욕탕이 있다. 이곳은 영국 바스에 있는 로마 목욕탕보다는 작은 규모이지만 완벽한 상하수도 시설은 물론 수영장까지 갖추고 있다. 사우나를 비롯해 화려한 대리석과 모자이크로 치장한 욕조, 완벽한 수세식 화장실 등도 있다.

목욕탕을 등지고 지중해가 있는 북쪽으로 걸어가면 포럼과 바실리카를 만난다. 드넓은 포럼 광장을 포위했던 회랑과 기둥 위를 장식했던 메두사가 바닥에 낙엽처럼 뒹군다. 그 부서진 모양새가 안타깝지만, 그 메두사의 크기와 부서진 기둥의 둘레는 과거 이 포럼과 신전이 얼마나 대단한 규모였는지를 여실히 보여 주고 있다. 포럼 옆 바실리카는 렙티스마그나에서 가장 큰 공간이었다. 포럼과 마찬가지로 원형은 거의 파괴되었지만, 헤라클레스의 열두 과업이나 풍요의 신 디오니소스를 주제로 새긴 대리석 기둥은 여전히 이곳의 백미로 남아 있다.

개선문, 목욕탕, 포럼, 바실리카 등을 보고 나면 드디어 렙티스마그나의 상징 원형 극장이 기다리고 있다. 이 원형 극장은 북쪽으로 파란 지중해를 끼고 있어서 세계에서 가장 아름다운 풍광을 자랑한다. 일반 관중석에 앉으면 무대 위의 공연과 아름다운 지중해를 한눈에 볼 수 있다. 눈이 시리도록 푸른 지중해를 마치 극장의 배경무대처럼 사용하도록 지은 로마인들의 지혜가 놀라울 뿐이다. 재미있는 것은 지중해를 단순히 무대의 배경만으로 이용하지는 않았다는 점이다. 원래 원형 극장 자체가 극장 가

203년 로마 황제 셉티미우스가 고향을 방문한 것을 기념하기 위해 세워진 셉티미우스 개선문은 세계에서 두 번째로 큰 개선문이다.

운데에서 말을 하면 극장의 맨 끝까지 다 들리는 완벽한 기울기를 자랑하지만, 여기에 렙티스마그나 원형 극장은 바람을 이용하여 소리가 새어 나가지 않고 선명하게 관객에 전달될 수 있도록 설계된 것이다.

    오랫동안 감춰졌던 도시 렙티스마그나는 이제, 그 답답한 모래를 모두 벗어던지고 로마의 영광을 되살리고 있다. 셉티미우스 세베루스가 건설하고자 했던 작은 로마가 2천 년이라는 세월을 건너와 로마의 영광을 되살리고 있다니 그저 신기할 뿐이다. 자연의 힘과 인간의 기술을 적절하게 이용된 렙티스마그나는, 정말이지 그 어느 곳보다 훌륭한 인류 유산이다. ☐

위 | 대리석을 마치 나무 다루듯 정교하게 깎아 만든 조각상.
아래 | 모래바람이 심한 리비아에서 베르베르인들은 눈과 코만 빼고 온몸을 가린다.

모래 언덕과 밤하늘로 여행자를 유혹하는 불모지, 리비아 '사하라'

AFRICA | 008 | LIBYA

세계에서 가장 큰 사막 사하라. 그 한가운데 서 있는 자체만으로도 감동이 밀려온다.

무아마르 카다피가 40년 동안 정권을 유지하며, 미국 등의 선진국을 제국주의 국가라 부르며 스스로 고립을 자청하고 오롯이 알라만을 숭상하던 나라 리비아. 그 리비아가 변하고 있다. 지중해를 따라 발견된 로마 제국의 유물들과 광활한 사막으로 세계의 여행자를 향해 노크를 하고 있는 것이다. 그 노크가 멈출 새라 여행자들은 리비아로 향하고 있다. 사막 투어를 위하여, 그리고 로마의 유물을 눈으로 확인하러 말이다.

낮이면 육중한 4륜구동차를 타고 광활한 사막과 오아시스 사이를 질주하고, 밤이면 별과 달 이외는 그 어떤 빛도 볼 수 없는 칠흑 같은 사막에서 자신의 삶을 돌아보는 사막투어는 여행자들의 영원한 로망이다. 차에 얼마간의 먹을 양식과 텐트 그리고 간단한 짐만을 꾸려 사막 위를 여행하는 것은 여행자로 하여금 진정한 방랑이 무엇인지를 느끼게 해 주는 경험이 된다. 리비아 사막 투어를 하기 위해서는 수도 트리폴리에서 1,000km 이상 남서쪽으로 달려가야 한다. 국내선 비행기를 타고 트리폴리에서 셉하까지 850km 정도 달려간 다음, 그곳에서부터 다시 튼튼한 4륜구동차를 타고 남서쪽으로 400km를 달려가야 낯선 세계, 모래사막과 조우할 수 있다.

아프리카 북부에 위치한 세계 최대의 사막 사하라의 이름은 '불모지'를 뜻하는 아랍어 '사흐라'에서 유래된 것이다. 그 이름처럼 사하라는 몇몇의 오아시스를 제외하고서는 생존이 어려운 죽음의 땅이다. 현재까지 사하라 사막은 동서로는 이집트 나일 강에서 서쪽의 모로코 대서양 연안까지 약 5,600km, 남북으로는 지중해의 아틀라스 산맥에서 나이저 강과 차드 호수까지 약 1,700km 정도로 경계 지어 있다. 하지만 그 주변으로 계속해서 사막화가 진행되고 있기 때문에 사하라의 전체적인 면적은 점점 늘어나고 있고 수치로 정확히 표시되지도 않는다.

보통 사막 투어는 2박 3일이나 3박 4일 일정으로 진행된다. 일정에 따라 사막 깊숙이 들어가느냐 마느냐가 결정될 뿐, 눈앞에 펼쳐지는 풍경은 크게 다르지 않다. 하지만 리비아의 사막 투어는 조금 특별하다. 유네스코 세계문화유산으로 지정된 아카쿠스 암각화 때문이다. 1만 년 전의 선사유민들이 바위에 새긴 이 암각화는 사하라 사막으로 뻗어 있는 타드라르트아카쿠스 산맥에 있는 암석에 그려진 것이다. 단순히 형상만이 아니라 채색까지 되어 있어서 인류학적으로 소중한 자료이기도 하다. 암각화에는 다양한 동물들이 시대를 달리하여 그려져 있다. 코끼리와 코뿔소는 기원전 12,000년에서 8,000년 사이에, 낙타는 기원 전후에 그려졌다. 또한 이 아카쿠스 암각화에는 목축 시대를 상징하는 소 그림, 전차를 끄는 말 등 인간의 수렵과 농경 생활이 함께 표현되어 있는데, 이는 수천 년 전에는 이곳이 황량한 사막이 아니라 풀과 나무가 자라는 사바나 지대였음을 간접적으로 말해 준다.

가도 가도 끝이 없이 펼쳐진 모래사막은 그 자체로 환상이다. 하지만 사막 투어의 하이라이트는 밤이 와야 시작된다. 한낮을 뜨겁게 달궜던 붉은 태양이 모래사막 너머로 사라지면 밤하늘에는 화려한 별들의 향연이 펼쳐진다. 낮에는 푸른 하늘과 누런 모래 언덕으로 단순하기 그지없었던 사막이, 밤이면 은하수와 다양한 별자리를 선명하게 그려낸다. 살을 에는 찬 기운에 온몸이 덜덜덜 떨리면서도 얼굴만큼은 침낭 밖으로 내놓을 수밖에 없는 것도 바로 그 밤하늘의 환상적인 모습 때문이리라. 그렇게 사하라는 극한의 오지로서, 탐험과 도전을 최대 과업으로 삼는 여행자들의 욕구를 강하게 자극한다. 바람이 빚어 낸 부드러운 모래 곡선과 밤하늘이 만들어내는 화려한 별자리, 사막에서 만나는 자연은 실로 위대하다. ¤

파란 하늘과 노란 모래 이외에는 아무 것도 없는 사하라 사막.

말간 미소를 지닌 베르베르족의 얼굴.

위 | 해가 지고 나면 하늘엔 은하수를 비롯해 수많은 별들의 향연이 펼쳐진다.
아래 | 이른 아침 차 한잔으로 하루를 시작하는 베르베르 족

2~3세기에 지어진 튀니지의 로마 유적지, 두가

한니발의 후예들의 땅에서 로마를 만나다, 튀니지 '두가'

AFRICA | 009 | TUNISIA

지중해 어디나 로마 제국의 흔적이 있다. 이탈리아의 작은 도시에서 출발해 유럽에서부터 터키, 그리고 지중해 연안국들을 모두 점령하고 대제국을 건설한 로마. 그래서 지중해 어디를 가나 강성했던 로마 제국과 만나게 된다. 그런데 유럽과 로마는 잘 연결되는데 북아프리카와 로마는 어쩐지 연결이 자연스럽지 않다. 북아프키라의 역사가 익숙치 않은 탓이다. 하지만 역사는 서쪽의 모로코에서 동쪽의 알제리, 튀니지, 리비아까지 모두 로마 제국의 영토였음을 기록하고 있다. 그리고 로마 제국이 남긴 무수히 많은 유적들이 그 역사를 증명하고 있다.

튀니지는 카르타고의 후손들이 세운 나라. 과거 지중해 해상무역을 장악하였고 한니발 장군이 로마 제국을 상대로 대항했던 강성한 나라, 카르타고. 하지만 카르타고는 세 번의 포에니 전쟁 끝에 로마의 식민도시가 되었다. 그래서 튀니지 곳곳에는 로마의 흔적이 남아 있다. 특히 수도 튀니스에서 2시간 남짓 거리에 있는 두가는 로마 유적지가 가장 잘 보존되어 있는 것을 인정받아 1992년 유네스코로부터 세계문화유산으로 지정되었다.

튀니지가 지중해 연안국이라고는 하지만 모든 도시가 지중해를 접할 수는 없는 일이다. 두가도 내륙 깊숙이 들어가 있다. 그래서 흔들리는 차창 밖으로 코발트블루빛 지중해가 초록빛 올리브나무 숲으로 서서히 바뀌어 간다. 그렇게 달리기를 두어 시간. 드디어 튀니지가 숨겨 놓은 로마의 변방도시 두가가 그 모습을 드러낸다. 우리에게 조금은 생소하고 낯설게 들리는 두가는 2~3세기에 건설된 고대 도시 중 하나다. 이 도시는 본래 북아프키라 토착민족인 베르베르계의 누미디아 왕국이 건설한 도시였다. 로마 제국의 힘이 미치기 전까지 이곳은 평화로운 농촌이었다. 두가란 지명도 '목초지'를 의미하는 누미디아 언어에서 유래한 것이다. 하지만 포에니 전쟁으로 카르타고를 패배시킨 로마는, 점차로 세력을 확장하면서 튀니지의 내륙인 두가에까지 들어와 자신들의 세력을 알리는 대리석 건축물을 짓기 시작했다.

해발 550m 위에 조성된 고대 로마 도시 두가의 로마 유적 여행은 최소 2시간이 소요된다. 가장 먼저 눈에 들어오는 것은 원형 극장. 188년에 건설된 원형 극장의 규모는 3천 석 정도로 다른 로마 원형 극장들과 비슷하다. 그 옆으로는 웅장한 대리석 기둥이 인상적인 주피터 신전이 나온다. 이 신전은 튀니지 지폐에도 나올 만큼 튀니지의 자존심을 대표하는 건축물이다.

세계문화유산으로 지정된 로마 유적지의 중앙에는 주피터 신전을 비롯하여 주노 신전, 미네르바 신전 등 12개의 신전이 있다. 그리고 공중목욕탕, 체육관, 시장, 공중 화장실, 윤락가 등의 당시 서민들의 삶을 그대로 간직하고 있다. 특히 5m 간격으로 설치된 맨홀과, 한 번에 10명이 동시에 사용할 수 있는 공중 화장실, 냉탕과 열탕과 온탕이 분리되어 있는 공중목욕탕은 여행자들의 호기심을 자극한다. 로마 시대의 삶과 그 건축 기술에 다시 한 번 놀라지 않을 수 없기 때문이다.

또한 디오니소스와 오디세우스의 집 근처에 기둥만 남아 있는 윤락가는 또 다른 볼거리를 제공한다. 터키 에베소에 있는 로마 유적지의 윤락가에서 세계 최초의 광고가 등장했던 것처럼 이곳 두가에서도 윤락가를 알리는 광고판이 있었다. 에베소의 광고판은 '다 커서 오라'라는 글로 간접적인 광고를 했는데, 이곳은 여성과 남성의 성기를 묘사한 것이 재미있다.

두가의 번영은 오래가지 못했다. 게르만족의 한 갈래인 반달족에 의해 무참하게 부서지고 파괴되었다. 하지만 그 파괴된 속에서도 두가는 과거 로마 제국의 영광을 고스란히 지켜왔다. 뜨거운 태양이 지고 난 후 은은한 석양빛에 물드는 두가 유적지의 풍경 속에는, 그 영원한 제국의 영광이 아스라이 보이는 듯하다. ¤

위 | 두가 유적지에는 입구에서부터 올리브나무가 지천으로 깔려있다.
아래 | 주피터 신전 기둥 사이로 떠오른 보름달.

둥근 대리석 판에 새겨진 로마의 라틴 문자.

검은색 옷, 검은색 구두, 검은색 선글라스를 쓴 이탈리아 여성이
자신의 옛 조상이 남긴 유적지를 돌아보고 있다.

북아프리카에서 만나는 아라비안나이트, 튀니지 '카이로우완'
AFRICA | 아프리카 | TUNISIA

북아프리카에서 최초로 아랍인들이 세운 도시 카이로우완은 이슬람의 정취를 느낄 수 있는 도시이다.

낡은 스피커에서 아잔이 울려 퍼진다. 절집에서 흘러나오는 스님의 독경 소리마냥 경건하고 성스럽다. 아랍인들은 신에 대한 경외감을 하루 다섯 번 절을 올리는 것으로 표현한다. 그 모습이 너무나 정성스러워서 보는 이로 하여금 평온한 마음마저 들게 한다. 이슬람교도가 아닌데도 말이다. 특히 튀니지 카이로우완에서 듣는 아잔 소리는 각별하다. 아랍이 건설한 북아프리카 최초의 이슬람 도시이기 때문이다.

보통 북아프리카 여정은 로마가 남긴 흔적들을 더듬는 것으로 대체된다. 하지만 튀니지에서 남쪽으로 120km 떨어진 카이로우완은 다르다. 이슬람 정취가 가득한 이슬람 도시이기 때문이다. 카이로우완은 인구 15만 명밖에 안되는 아주 작은 도시지만 세계에서 세 번째로 지어진 모스크가 있어 무슬림들에게는 특별하게 여겨지는 곳이기도 하다. 사우디아라비아의 메카와 메디나, 이스라엘의 에루살렘, 그리고 이집트의 카이로와 함께 이슬람 4대 성지인 카이로우완은, 670년 아랍 장군 우크바 이븐 나피 알 피흐리가 북아프리카로 진군하던 중 베르베르족의 공격으로부터 피하기 위해 우거진 숲 한가운데 군사 진영을 세우면서 생겨난 도시다. 그래서 도시 이름도 페르시아어로 '야영지, 숙소' 등을 일컫는 '카라반'에서 유래하였다.

카이로우완은 유네스코 세계문화유산이자 2009년 이슬람 문화의 도시로 선정된 바 있다. 도시 전체가 마치 영화 〈아라비안나이트〉의 세트장 같다. 전 세계를 점령한 서구 문명으로부터 고집스럽게 이슬람 문화를 지켜냈다. 하얀 벽의 건물, 기하학적 무늬가 그려진 이슬람식 창문, 그리고 좁은 골목길이 미로처럼 얽히고설킨 이 도시에서, 〈아라비안나이트〉의 카메오가 된 듯한 느낌을 받는다.

세계에서 세 번째로, 북아프리카에서는 가장 먼저 지어진 모스크는 이곳의 자랑이다. 모스크의 첫인상은 소박함 그 자체다. 그 명성이 무색할 정도다. 넓은 마당과 회랑 그리고 대리석 빛의 첨탑이 전부인 것이다. 하지만 이 모스크는 유구한 역사를 가지고 있다. 671년 처음으로 건축된 후 9세기 아글라브 왕조에 의해 다시 증축되었다가 12세기에 지금의 모습으로 완성되었다. 넓은 사각형 마당은 2,000여 명이 동시에 기도를 올릴 수 있다고 한다.

이 모스크는 건축적으로도 몇 가지 특이 사항을 가지고 있다. 첫째는 모스크 마당을 둘러싸고 있는 회랑의 기둥이다. 400여 개의 기둥을 자세히 보면 이슬람식이 아닌 로마의 코린트, 도리아식 기둥이 처마를 받치고 있는 걸 알 수 있다. 이는 아랍인들이 이곳에 모스크를 세우면서 주변 로마의 식민 도시로부터 가져온 기둥을 사용했기 때문이다. 첨탑을 받치고 있는 벽돌과 회랑을 받치고 있는 기둥에는 라틴어가 쓰인 것도 있다. 재미있는 것은 라틴어가 쓰인 벽돌이나 기둥이 거꾸로 뒤집혀 있기도 하다는 것이다. 이는 당시 건축을 참여했던 아랍인들이 라틴어를 몰랐기 때문이라고 한다. 둘째는 모스크의 마당이다. 마당 가운데 부분이 네 귀퉁이에 비해 낮은 것이다. 그 연유를 물으니 빗물을 모으기 위해서란 답이 돌아온다. 이 마당 지하는 물 저장고였는데, 빗물이 마당의 움푹 들어간 홈을 통해 지하로 저장되었던 것이다. 물이 귀한 사막 지역에서 안정된 식수를 확보하고자 했던 무슬림들의 지혜가 엿보인다.

모스크에는 구시가지 메디나가 바로 연결된다. 하얀색의 벽과 푸른색 문이 인상적인 메디나는, 튀니지에서 가장 멋스럽고 고풍스런 풍경을 간직한 곳이다. 보통 튀니지에서는 재래시장을 '숙'이라 부르는데, 메디나의 숙은 그 자체로 재미난 볼거리다. 터키의 이스탄불이나 시리아의 다마스쿠스만큼 오래된 전통과 역사를 자랑하는 숙은, 규모는 그리 크지 않지만 우리에겐 조금은 낯선 현지인들의 모습과 각종 토산물 덕에 볼 게 차고 넘치는 시장이다.

북아프리카의 이슬람 도시 카이로우완에서, 여행자는 필름 속을 거니는 듯한 신비로운 경험을 하게 된다. 그 필름 속엔 낯선 이방인에 환한 웃음을 아끼지 않는 무슬림이 있다. 우리에겐 흔한 물마저 부족하고 귀한 사막의 땅이지만, 그들은 조상 대대로 살아온 터전에서 여전히 풍요롭고 평화롭게 살아가고 있다. 그건 바로 어떤 역경이 닥쳐와도 알라신이 그들을 지켜 줄 것이라는 믿음 때문이 아닐까. ✡

이슬람 국가는 엄격하게 남녀가 분리된다.
기도도 서로 다른 공간에서 드리고 버스도 서로 떨어져서 기다린다.

아프리카에서 제일 먼저 세워진 카이로우완 모스크.

골목길에서 만난 무슬림 할아버지와 손녀.

〈글래디에이터〉의 막시무스가 혈투를 벌였던
북아프리카의 콜로세움, 튀니지 '엘젬'
AFRICA | 011 | TUNISIA

북아프리카의 콜로세움이라 불리는 엘젬 원형 경기장은 그 당시 향락 문화의 극치를 보여 준다.

지난 2000년의 화제작 〈글래디에이터〉. 러셀 크로우가 로마 시대의 용맹한 검투사 연기를 완벽하게 해냈던 이 영화에 전 세계 영화인들은 열광했다. 워낙 장대한 스케일 덕분에 매 장면이 인상적이었지만 특히 로마 원형 경기장에서 막시무스와 코모두스가 벌인 혈투 장면은, 〈벤허〉의 전차 경주 장면에 비견되면서 〈글래디에이터〉 최고의 명장면으로 꼽혔다. 그런데 그 장면에 웅장함을 더했던 영화 속 로마 원형 경기장은 컴퓨터 그래픽이 아니었다. 그 원형 경기장은 튀니지의 작은 농촌 마을 엘젬에 실재하고 있다.

로마 시대 '티스드루스'로 불렸으며 올리브 생산지로서 오랜 기간 번영을 누렸던 작은 도시 엘젬. 이곳에는 〈글래디에이터〉에 등장한 원형 경기장을 비롯하여, 극장, 대저택 등 고대 로마의 유적이 곳곳에 남아 있다. 올리브유를 생산하면서 창출했던 엄청난 부 덕분에 과거 엘젬은 향락의 도시였다. 엘젬 모자이크 박물관에는 다양한 모자이크가 전시되어 있는데, 일상이나 성경을 주제로 한 모자이크도 일부 있지만, 대부분은 디오니소스를 주제로 하거나 남녀 누드 등 성을 묘사한 것들이다.

박물관 바로 옆에는 엘젬 원형 경기장이 있다. 보존 상태가 거의 완벽에 가까운 이 경기장은 이탈리아 로마의 콜로세움과 카푸아 원형 경기장에 이어 세계 세 번째의 규모를 자랑한다. 콜로세움이야 로마 제국을 상징하는 도시였으니, 그리고 카푸아 경기장은 검투사 양성소였으니 경기장의 규모가 큰 것은 당연하다. 하지만 지중해를 중심으로 숱하게 세워진 원형 경기장들 중에서 유독 이곳만 이렇게 큰 규모를 자랑하는 것은 언뜻 보면 이해가 되지 않는다.

하지만 이곳이 북아프리카 최대의 올리브 생산지였다는 점을 감안하면 이해 못 할 바도 아니다. 지금이야 작은 농촌 마을에 불과하지만, 당시에는 올리브를 수출하면서 막대한 부를 축적하여 북아프리카에서 카르타고 다음의 두 번째로 큰 도시였다. 엘젬 경기장이 그렇게 큰 규모를 갖게 된 것도 도시가 축적한 막대한 부 덕분이다. 엘젬 경기장은 로마 황제를 지낸 바 있는 고르디아누스에 의해 계획되었다. 조상 대대로 로마의 원로원 의석을 갖고 있었고, 아내 또한 안토니누스 황제의 증손녀였기에 그의 명성은 북아프리카 일대에서 가장 드높았다. 그는 엘젬을 북아프리카에서 가장 번성한 도시로 성장시키는 동시에 엄청난 거금을 쏟아 부으며 오늘날의 원형 경기장을 만들어 냈다.

230년부터 공사를 시작해 9년만에 완성된 이 경기장은 타원형 모양으로 긴 지름이 162m, 짧은 지름이 118m, 그리고 높이 40m의 규모다. 수용 인원만도 35,000명이나 된다. 경기장의 외관은 콜로세움과 유사하게 로마의 아치식 기둥으로 이루어져 있다. 다만 콜로세움이 1층에는 도리스식, 2층에는 이오니아식, 3층에는 코린트식의 기둥을 세운데 반해, 세 개의 층 모두를 코린트식으로 한 점이 다르다. 그런가 하면 대리석으로 마련된 황제와 귀족 좌석은 눈이 부실 만큼 아름답고 정교하게 지어졌다. 경기장에서 가장 가까운 곳에 VIP석이 있고 그 뒤로 신분에 따른 자리가 마련돼 있다. 또 하나 눈여겨 볼만한 것은 경기장의 출입구와 복도이다. 3만 명을 수용하는 경기장이지만 그 많은 사람들이 들어오고 나가는 데 수십 분이 채 걸리지 않았을 정도로 설계되었다고 한다.

엘젬 원형 경기장에서는 〈글래디에이터〉의 한 장면처럼 실제 검투사 경기가 이루어졌다. 전차 경주도 열렸다. 하지만 이러한 향락적인 스포츠는 5세까지만 열렸다. 로마 제국의 쇠락과 함께 엘젬 역시 역사의 뒤안길로 사라져 갔기 때문이다. 지금도 원형 경기장에 들어서면 타원형의 한 쪽 부분이 파괴된 채로 남아 있는데, 그것은 로마의 막시무스 군대에 의해, 그리고 17세기에 오스만 제국의 모하메드 베이 군대에 의해 파괴된 것이다. 비록 파괴는 되었을지언정 규모는 그대로여서 과거의 영화가 다시 살아나는 듯하다. 금방이라도 〈글래디에이터〉의 막시무스가 용감한 검투사로 등장해, 3만 관중의 엄청난 환호를 받으며 혈투를 벌일 것만 같다.

엘젬 원형 경기장 지하에는 또 다른 세계가 있다. 지하 계단으로 내려가면 통로 양쪽으로 기독교를 믿는 죄인들을 수용해 놓은 감옥, 검투사가 머물던 방, 맹수들을

위 | 엘젬에서 발견된 모자이크는 상당히 향락적이다. 술의 신 디오니소스가 발가벗은 채 요정들에 의해 둘러싸여 있다.
아래 | 2세기에 제작된 젊은 디오니소스의 모자이크.

이탈리아 로마의 콜로세움, 카푸아의 원형 경기장 다음으로 큰 엘젬의 원형 경기장.

가둔 방, 시체를 버렸던 깊은 우물 등이 어깨를 나란히 하고 있다. 섬뜩한 공포감이 밀려온다. 그런가 하면 당시로서는 놀라운 첨단 시설도 있다. 검투를 위해 죄인과 맹수가 경기장 위로 서서히 등장하게 만든 시설 말이다.

'북아프리카의 콜로세움' 엘젬 원형 경기장은 향락 문화의 극치를 보여주고, 로마제국의 쇠망과 함께 역사의 저 편으로 사라졌다. 일장춘몽. 하지만 후대는 당시의 영광을 잊지 않았다. 그 기억을 끄집어내 영화의 무대로 만들고, 유네스코 세계문화유산으로 선정하였다. 영화 속에서 엘젬 원형 경기장은 3세기 로마 제국의 영광이 되살아났다. 세계문화유산이란 타이틀로 로마 제국 시대보다 더 많은 사람들을 끌어 모으고 있다. 로마 제국은 죽어서도 죽은 게 아니다. ¤